本丛书入选安徽省文化强省建设专项资金项目

山水安徽

张 扬 编著

品读·文化安徽

合肥工业大学出版社

前　言

品读文化安徽，第一步就是"品"，从字形上看，品由三个口组成，但这个口不是指嘴巴，而是指器皿——三个器皿叠放在一起，用来形容事物或物品众多。

那么，关于安徽的众多器皿中，主要又盛放着什么呢？

一个盛着酒，一个盛着茶，一个盛着诗。

酒，是一种凛冽而火热的液体；茶，是一种清雅而悠长的液体。它们是对于大自然的高度抽象，同时也融入了人工创造的高度智慧。安徽既出名酒，又出名茶，这从一个侧面也体现了大自然对这块土地的垂青和爱怜，而生活在这块土地上的人们，把对于大自然的汲取和感恩，化作了丰美的生活浆液和丰盈的文化积淀。

从酒上面，能看到安徽的北方，看到一望无垠的平原，看到沉甸甸的金色收获，看到农夫晶莹的汗珠；更远一点的，还能看到大禹治水遗迹、安丰塘、江淮漕运等等伟大的水利工程，还能感受到花鼓灯的热烈、拉魂腔的高亢和花戏楼上载歌载舞的酣畅……

从茶上面，能看到安徽的南方，看到草木葱茏的丘陵，看到朦朦胧胧的如梦春雾，看到农妇藕白的巧手；更远一点的，还能看到粉墙黛瓦，看到那些像诗一样优美的民居建筑，感受到贵池傩舞的神秘、徽剧声腔的精致和黄梅戏的婉转……

这些土地、这些物产，又怎能不吸引诗人呢？

于是曹操、曹植来了，嵇康、谢朓来了，李白、杜牧、刘禹锡来了，欧阳修、王安石、苏东坡来了，梅尧臣、姜夔、徐霞客来了……如果有心，可以绘制一幅安徽诗歌地图，定格一座座在中国诗歌史上意义显赫的风景重镇：

教弩台、敬亭山、浮山、齐云山、褒禅山、秋浦河、采石矶、杏花村、陋室、颍州西湖、醉翁亭、赤阑桥……那些被歌咏过的一山一水、一草一木，都闪烁着别样的光芒。

诗是灵魂的高蹈和想象力的释放，张扬的是一种逍遥洒脱的个性。诗人们是近于道家的，嵇康和李白，干脆自认为老庄的传人。而老庄及其道家哲学，正是安徽这块土地上结出的思想文化硕果。

道家太出世，则需要入世的儒家来中和。从经世致用的角度说，儒家思想，往往是一股"天行健，君子以自强不息"的正能量。

管仲和孙叔敖，出自安徽的春秋两大名相，他们的政治实践，给了同时代的孔子极大的影响；战国时的甘罗和秦末汉初的范增、张良，以其超凡的智慧与谋略，成为后世文臣的标杆；三国时的周瑜、鲁肃和南宋时的虞允文，分别因为赤壁大战和采石矶大捷而一战成名，他们是敢于赴汤蹈火的书生，也是运筹帷幄的儒将；两宋时期，程朱理学从徽州的青山绿水间兴起，最后成为几个朝代的官方思想和意识形态；明清之际，儒医和儒商，几乎同时在徽州蔚为大观，从"不为良相，即为良医"的新安医学代表人物和诚信勤勉的徽商典范身上，我们能够感受到一股清朗上进的儒雅之风；到了风起云涌的近代，李鸿章及其淮军将领，走的仍然是"儒生带兵"的路子，至少在其初期，洋溢着奋发有为的气概。李鸿章对于近代化孜孜不倦的追求，刘铭传对于祖国宝岛的守护和经营，段祺瑞对于共和政体的倾力捍卫，都是中国近代史上浓墨重彩的一笔……

酒、茶、诗、儒，是关于安徽的四大意象，也是安徽人精神的四个侧面，除此之外，安徽人的精神还包括什么呢？

显然，还包括勤劳、善良、淳朴、坚忍、进取等中华民族的诸项精神特质，还有最重要的一项就是——创新。

创新，从远古人类那时就开始了。最早的器物文明——和县猿人的骨制工具，最早的城市雏形——凌家滩，最早的村落——尉迟寺，等等，无不显示了先民的伟大创造。

创新，从司法鼻祖皋陶那里就开始了。他创造性地建构了中国古代最早的司法体系，最先开始弘扬"依法治国"的理念，而两千年后的北宋包拯，则承袭了这种朴素的法治精神。

创新，从大禹、管仲、孙叔敖、曹操、朱熹、朱元璋等政治家那里就开始了。大禹"堵不如疏"的崭新思路，是中国古代政治智慧中的重要因子；管仲的"仓廪实而知礼节"的先进思想，显示了他对于物质文明和精神文明的双重重视；孙叔敖关注民生的呕心沥血，曹操"唯才是举"的不拘一格，朱熹对于古代赈济体系的精心构筑，朱元璋对于封建制度的精心设计，也都开创了中国古代政治文明的新局面。

创新，也是文化巨擘的应有之义。从道家宗师老庄、理学宗师程朱，到近代现代哲学大师胡适、朱光潜；从率先融合儒释道三家的"睡仙"陈抟，到打通文理、博览百科的"狂生"方以智；从开创中国第一所"官办学校"的汉代教育家文翁，到现代平民教育的倡导者陶行知；从"建安风骨""魏晋风度""桐城派"这三大文学家群体，到吴敬梓、张恨水这两位小说家典范；从探索中国画白描技法的"宋画第一人"李公麟，到与齐白石齐名的新安画派代表人物黄宾虹；从开创近代书法和篆刻新风的邓石如，到现代雕塑大家刘开渠；从力促徽剧上升为国剧的程长庚，到黄梅戏表演艺术家严凤英；从巾帼不让须眉的近代女才子吕碧城，到洋溢着中西合璧气派的女画家潘玉良……没有"吾将上下而求索"的探索精神，也就没有他们那震古烁今的文化创造。

创新，同样是科技巨匠的立身之本。淮南王刘安对于豆腐的"点石成金"，神医华佗对于外科手术和麻醉术的开创，兽医鼻祖元亨兄弟对于兽医这门全新学科的开拓，还有程大位、方以智的数理演算，梅文鼎、戴震仰望星空的眼睛，包世臣、方观承理论与实践相结合的农学著作，两弹元勋邓稼先的非凡壮举……正是沿着前所未有的轨迹，这一颗颗闪耀的"科星"才飞升在天宇。

创新，还是物质文明的重要助推器。从朴拙无华的凌家滩玉器，到堂皇无比的楚大鼎；从恢宏厚重的汉画像石，到精美绝伦的徽州三雕；从文人推重的笔墨纸砚，到民间珍爱的竹器铁艺；从唇齿留芳的皖北面食，到咀嚼英华的徽式大菜；从花戏楼、振风塔、百岁宫等不朽建筑，到西递、宏村、查济的诗意栖居；从至今仍然发挥着作用的"天下第一塘"安丰塘，到永载新中国水利史册的佛子岭水库；从铜陵的青铜冶炼，到繁昌窑的炉火；从熙来攘往的芜湖米市，到造出中国第一台蒸汽机、第一艘轮船的安庆内军械所……正是因为集合了无数人的灵感和汗水，才孕育了这一件件小而美好的小设计、小发明、小物件，才诞生了这一项项大而堂皇的大工程、大构造和大器具。

创新，更是红色文化的闪亮旗帜。陈独秀的《安徽俗话报》，激情燃烧的鄂豫皖革命根据地，艰苦卓绝的皖南新四军，被称为"世界战争史奇迹"的千里跃进大别山，"靠人民小车推出胜利"的淮海战役……这些都展示了革命者的勇敢无畏和锐意进取，凝结了革命者的高度智慧，也奏出了时代精神的最强音。

创新，也是我们这个改革开放的火热时代的主旋律。小岗村的"大包干"实践，"人造太阳"托卡马克的建造，现代化大湖名城的横空出世，白色家电业和民族汽车工业的崛起，中国科技大学同步辐射、火灾科学、微尺度物质科学这三大国家级实验室中所孵化出的最新成果，都成为安徽通往经济大省、科技大省和文化大省的一步步坚实的台阶……

正是因为有了创新精神，安徽这块土地才没有辜负大自然的恩宠，才开出了艳丽无比的物质文明和精神文明之花，堪与大自然的鬼斧神工相媲美。

"品读·文化安徽"系列丛书，共20册。每册从一个方面或一个领域入手，共同描绘出安徽从古到今不断演化、不断创新、不断发展的巨幅长卷。这20册书摆在眼前，仿佛排开了一个个精美的器皿，里面闪烁的是睿智与深情，是天地的精华与文明的荣光。

请细心地品，静心地读，然后用心地思索：我们今天该有什么样的创造，才能够匹配这天地的精华，才能延续这文明的荣光？

本丛书在策划、编辑、出版的过程中，得到了省内外许多专家学者的关心和支持，在此对他们表示衷心的感谢。同时，本丛书的部分著作中的若干图片和资料来源于网络，未及向创作者申请授权，祈盼宽谅；恳请有关作者见书后与出版社联系，以便奉寄稿酬及样书。

编委会

2015年10月

目　录

一、大河沧桑：淮河

　　仿佛是天光乍现，文明，自某个历史的端口，喷薄而出，在这里打开了一幅风姿绰约、辽阔壮美的画卷：大河沧桑，大地恢宏，人文荟萃，诗酒风流。

千里淮河

山清水秀的安徽，肌体丰腴，水系如同血管一样密集，河流纵横，湖泊密布，地跨淮河、长江、新安江三大流域，也因此被天然地分成淮北、江淮之间和江南三大自然区域，并形成了淮河文化、皖江文化和新安文化（徽州文化）三大文化圈。

打开地图，会发现每一条大江大河都是由许多河流汇聚而成的，而每一条河流，又都是由许多更小的河沟汇聚而成的，每一条河沟也都是有肌理有故事的。很显然，作为一条汇聚了无数河沟之水的淮河，蕴藏着太多的故事和秘密；它也是皖北平原上最生动的景象，流经之处，河水汤汤，麦香浓郁。430 多千米的淮河皖境干流，浇灌了安徽 46% 的土地。

这就是淮河，一条古老而神秘的河流，像长江、黄河哺育了中华民族一样，淮河也是一条母亲河，自有其深沉而辉煌的文化篇章。历史上，因为有独立的入海口，流域广大，淮河与长江、黄河、济水并称为"四渎"。

从长度上来看，淮河比黄河、长江都短，同时它又处在黄河与长江之间，因此上古的人们称淮河为"中河"，而造字的仓颉将象形字"水"与"隹"（短尾鸟名）合并，创造了"淮"字，并将"中河"改为"淮河"。关于淮河名字的由来，另一种说法就是，在淮河边上生存着一种叫"淮"的短尾鸟，而"淮水"也因此而得名。不难想象，那时候的淮河里，鱼龙潜跃，岸边更是水草丰茂，名叫"淮"的短尾鸟，一群群地栖息在淮河边，或翔或止。在"淮"的鸣叫声中，淮河流淌了一年又一年。事实上，早在 3000 多年前的商朝甲骨文中，就已经出现了"淮"字的记载，稍后的西周钟鼎文中，也有"淮"的字样。我国的第一部诗歌总集《诗经》，就有"鼓钟将将，淮水汤汤"的诗句。战国时期的地理著作《禹贡》则明确记载："导淮自桐柏，东会泗、沂，东入于海。"

淮河流经河南、湖北、安徽、江苏和山东五省，其地理位置极为独特：处于我国南北气候过渡带，与秦岭山脉构成了南北物候分界线；在文化版图上，淮河既是中华民族灿烂文化的发祥地之一，也是南北文化的过渡带、交汇点，融合了中原文化、荆楚文化和吴越文化等。源于河南桐柏山的淮河，自三河尖以下进入安徽，流经霍邱、颍上、寿县、凤台、淮南、定远、凤阳、怀远、蚌埠、五河等县市，注入洪泽湖。淮河安徽段属于淮河中游河段，北岸是面积辽阔的淮北平原，南岸是绵延东西的江淮丘陵。有人说，淮河从桐柏山"站着"，走到洪河口后一下子就"躺倒"了。从源头桐柏山到入皖处洪河口，长364千米，落差174米；从洪河口经洪泽湖、大运河到长江640千米，落差仅22米，几如平地。落差小，河水平缓，水流速度也慢，小雨积涝，大雨成灾。

凤台峡山口是淮河第一峡，
也是淮河三峡中最窄的一峡

公元12世纪以前，淮河独流入海，尾闾通畅，水旱灾害较少。12世纪后，受黄河长期夺淮的影响，淮河流域水旱灾害频发。南宋建炎二年（1128），为防御金兵南下，东京（今开封）守将杜充在河南汲县和滑县之间进行人为决堤，造成黄河改道，大部分黄水从泗水分流入淮。南宋绍熙五年（1194），挟带大量泥沙的黄河水在河南原阳县境内决口南下，改变了淮河水系，淮河从此被逼进入了长江水系，并且使得盱眙与淮安之间的洼地逐渐形成了今天的洪泽湖。清咸丰五年（1855），黄河再次北迁改道由山东大清河入渤海，但淮河入海故道已淤成一条高出地面的废黄河。在公元1194—1855年的黄河夺淮期间，黄河也多次从南岸决口，黄水从淮河北岸支流涡河、颍河入淮河干流，直到明清时期才形成较稳定的河道。

1938年抗日战争期间，国民政府为阻止日军西进，在郑州附近的花园口炸开黄河南堤，黄河主流自颍河再次南下侵淮，直到1947年花园口被堵上。黄河水泛滥达9年之久，黄河北岸支流又一次普遍遭到破坏，水患也因之而生。

命运多舛的淮河人，就像淮河柳一样，即使遭受水患、苦难，也会择地而生，不屈不挠。《寿州志》记载，淮河流域"民俗淳朴……习朴实而负气，性劲忌而轻生"。

3

淮河在安徽境内的荆、涂二山之间转了个弯，向东而去。4000 多年前，大禹为治水来到涂山，娶涂山氏为妻。"禹合诸侯于涂山，执玉帛者万国"，《左传》里，一条短短 13 字的史料，却记录了一场隆重的盛会，成千上万的氏族部落首领带着当时最珍贵的礼品——玉礼器和丝绸布帛，前来涂山庆贺大禹治水成功。这样盛况空前的"朝会"，表明安徽境内的淮河流域是当时的政治、军事、文化活动中心，是中华文明的发源地之一。

后人在蚌埠涂山顶修建了规模宏大的禹王宫，象征涂山氏的天然石像——启母石矗立在禹王宫前。与涂山隔河相望的是荆山，那里曾建有启王殿，这座建筑是为大禹的儿子建造的，山腰有白乳泉和望淮楼，并留有一副楹联：

> 片帆从天外飞来，劈开两岸青山，好趁长风冲巨浪；
> 乱石自云中错落，酿得一瓯白乳，合邀明月饮高楼。

荆山脚下的"断梅谷"，是长淮三峡之一，景致奇绝。在涂山脚下，人们曾进行过禹墟考古发掘，那里有着惊人的发现，曾经的历史有了奇迹般的回响。

淮河岸边的涂山，传说与大禹治水有关

传说在大禹时代，当时的河道紊乱，洪水泛滥，而大禹为治水，不仅留下了"三过家门而不入"的佳话，更是开创了"疏而不堵"的治水范例，甚至，中国第一首爱情诗也因他治水而滥觞于此。

大约从大禹时代起，安徽人就开始了对淮河的治理，治水方略也成了影响社会经济生活的重要因素。皖境淮域，历史上水利发展较早，寿县的芍陂（今安丰塘），始建于 2500 多年前的春秋时代，灌田万顷；横贯宿州、灵璧、泗县的通济渠，建于 1300 多年前的隋朝，上溯汴梁，下接运河，沟通江淮，是当时的漕运孔道，12 世纪起，经历了 600 余年的黄河夺淮，终至湮废。及至 1949 年前，淮北地区已是水系紊乱，河沟淤阻，陂塘沟洫，大都夷平；淮河干流被淤浅，宣泄不畅，域内洪涝灾害频仍，甚或旱蝗并发，赤地千里。

"一定要把淮河修好"，新中国成立以后，整治淮河干、支河道，开挖排水沟渠，初步建立了排水系统。持续 66 年的淮河治理，让淮河旧貌换新颜，域内先后修了大中小型水库 5700 多座，其中包括安徽佛子岭在内的大型水库 30 多座。同时，还修建了安徽的蒙洼等 10 多处蓄洪滞洪区。

作为淮河中游的主要城市和主要水利控制枢纽，"珠城"蚌埠位置突出，负责整个淮河流域治理和管理的行政机构"水利部淮河水利委员会"，就设在蚌埠；位于淮河南岸的霍邱，其境内的临淮岗水利工程，与黄河小浪底、长江三峡工程相提并论，发挥着前所未有的巨大功效。临淮岗工程是一个系列的大工程，除了 49 孔潜水闸，还有姜唐湖进水闸、淮河船闸、沿岗河船闸、城西湖退水闸等。从新中国成立之初的动议，到 21 世纪初的完工，临淮岗工程一波三折，历时长达近 50 年，凝聚着几代人的心血。

除了淠史杭灌溉区、临淮岗等水利风景区，在霍邱境内，还有一座水利工程水门塘。水门塘集灌溉、养殖、旅游三位一体，被誉为"皖西千岛湖"，2006 年曾是安徽省唯一获批的国家水利风景区。水门塘筑起的四周大坝，有 7000 米长，整个水域面积有 4000 多亩，可灌溉周围农田 10 万亩。水门塘里一共有 46 个小岛，像梅花一样散布在水中央。水门塘的几个岛上建了相连的水中桥，岛上还辟有业陂阁、龙宫、孙叔敖像等建筑、雕塑。水门塘是春秋时期楚国丞相孙叔敖倡导修建的。他主持修建的中国遗存最早的水利设施、被称为"天下第一塘"的寿县安丰塘，更是赫赫有名，直到今天仍然受到保

烟雨蒙蒙安丰塘

护与沿用。安丰塘在寿县城南 30 千米处，为四面筑堤的平原水库，古称"芍陂"，是我国古代四大水利工程（芍陂、漳河渠、都江堰、郑国渠）之一。在今天的安丰塘北岸，还有一座为纪念孙叔敖而建的孙公祠，祠内殿阁俨然，碑石林立。芍陂选址科学，工程布局合理。芍陂承蓄南来充沛水源，居高临下，向西、北、东三个方向灌溉田地，衔控 1300 多平方千米的淠东平原，蓄溉关系考虑十分周到。它的创建，为后起的大型水利工程，提供了宝贵的经验。芍陂兴建后，历代都有修治。新中国成立后，对芍陂进行了综合治理，沟通了淠河总干渠，引来了大别山区的佛子岭、磨子潭、响洪甸三大水库之水，使得它成为淠史杭灌区一座中型反调水库，1983 年被列为国家商品粮基地重要水利设施，前来考察的国内外专家学者络绎不绝。

2000 多年来，安丰塘、水门塘等水利设施，安澜于世，造福后人。

曾经的民谣这样传唱着"走千走万，不如淮河两岸"，当李白、杜甫、刘禹锡、苏轼、欧阳修、王安石、姜夔等一代又一代文人骚客，顺着汴水、淮水以及长江，泛舟而下，进入安徽境内漫游放歌时，这一切与大江大河的连接沟通密切相关。"汴水流，泗水流，流到瓜州古渡头，吴山点点愁。"早在春秋时期，吴王夫差在扬州附近开凿邗沟，沟通了江淮；战国时，魏国开挖开封到沈丘的鸿沟，沟通了黄淮；隋炀帝开挖通济渠（即汴渠），经开封、徐州，到盱眙入淮，再接邗沟入长江。长江和黄河因此连接起来，长江文明和黄河文明也因此沟通交汇。

淮河以其滔滔不绝的生命气象，谱写着璀璨夺目的人文篇章。在中华文明初现曙光之际，这里就有了中国最早的古人类活动，之后，诞生了中国第一个奴隶制国家。历史上，曾长期将黄河流域的中原地区看作"天下之中"，周边地区则为东夷、南蛮、西戎、北狄，有时又统称为"四夷"，也就是说，夷是指边远地区。而在4000多年前，夏王朝于颍河上游的登封建都。颍河是淮河的一条重要支流。为此，历史学家认为夏王朝建立在淮河流域，夏王朝建立之地就是中华民族文明的起源地。继夏而起的商，其都城迁徙前后有8次之多，最后定居于亳，将都城选建在四通八达的涡河南岸，结束了一种近似游牧式的生活。夏商王朝的兴起，创造出代表世界东方的灿烂文化，堪与埃及、古巴比伦和印度的古文明相媲美，被称为"世界四大文明之源"。

在漫长的历史演进中，地接中原的这里，战略地位凸显，一直是风暴中心，王侯将相、英雄好汉舞动长袖，志在必得，中国历史上首次农民起义、楚汉之争终结点垓下之战、东晋淝水之战、南宋顺昌大捷，以及近代的淮海战役，都曾发生在这里。

垓下之战——淮河与长江在这场战役里，都凸显了重要的地理意义，而且千百年来说的人太多，所以有必要将相关的地理名词以及历史性的战役逐一梳理。位于淮河支流边的垓下，因为楚汉相争，早就有了名气，但一直存在着地望之争。现在，随着数次的考古发掘，并加上已有的历史记载，能够充分地证明，垓下就位于固镇县。而垓下古战场，则是以濠城镇为中心的固镇、灵璧、五河和泗县交界的、方圆数百平方千米的地区。秦末汉初，垓下属于沛郡，为一座军事重镇。一切还要从楚汉相争说起。在秦末的起义烽火中，以刘邦和项羽为首的两大集团逐渐形成。公元前206年，刘邦先于项羽两个月进入关中秦地，之后他派兵把守函谷关，阻止项羽和其他诸侯入关，而项羽率领的各路诸侯大军，最终以武力强行入关，刘邦和项羽的矛盾由此迅速激化。从公元前 206 年到公元前 202 年，刘、项相争，"大战七十，小战四十"，彼此都打得精疲力竭，后来双方以鸿沟为界，中分天下。鸿沟以西为汉，鸿沟以东为楚，鸿沟是当时沟通黄河与淮河的运河，北起荥阳，南至中牟、开封，至沈丘流入淮河的支流颍水。

公元前 202 年初，项羽以一个反击战大败刘邦，使其困守固陵不敢出战。随后，双方在河南陈县（淮阳）进行会战，即陈下之战，楚军遭遇汉军三面夹击，不得已，项羽只好率主力部队东撤至垓下，而刘邦一路穷追不舍。韩信带领 30 万大军从北面攻击项羽，西楚大司马周殷反水，联合九江王英布，从南面出击；刘邦、彭越从西面攻打，各路联军于公元前 202 年十二月合围项羽于垓下。按理来说，项羽在陈下之战失利后，应该退回到西楚首都彭城，原来彭城被汉军大将灌婴攻占了，而由陈县到寿春（寿县）的线路也被切断，西楚大司马周殷在舒（庐江）反水，使得项羽也无法从此路撤往江东，也就是说，北路、南路都不通了，唯一的出路，就是东路：从陈县经亳州城父，然后从蕲县（宿州境内）至洨县，再东去广陵（扬州），或者南下历阳（和县），这样就可以回到江东。

垓下遗址项羽雕像

据《史记》记载，刘邦指派占领寿春的刘贾，领兵追杀，对城父进行了屠城，然后从东北合围至垓下。撤到垓下的项羽，尚未喘一口气，很快要应付一场恶战。垓下之战，是项羽以 10 万军队对决刘邦集团的 60 多万大军。从未打过败仗的项羽，这一次成了困兽，遭遇"四面楚歌"，军心涣散，不得不"霸王别姬"，领着八百骑兵，乘着夜色突出重围，向南逃亡。直到天明，汉军才发现项羽已经逃脱。

其时应是朔风凌厉的寒冬时节，淮河已经结冰，而且冰冻得非常厚实，项羽领着骑兵渡过了淮河，逃至阴陵（定远西北），迷失了方向，而后被一老农骗进一片沼泽地，返身再走时，追兵赶到，项羽匆忙逃至东城（定远东南），此时身边仅有 28 名骑兵。在东城，项羽为了证明自己的英勇，将 28 名骑兵分为 4 队，以微弱的力量冲击 5000 人的追兵，竟然小胜。东城之战，激发了项羽的勇气，也使得项羽想坚持东渡乌江（和县东北），回到江东，结果杀出重围后，28 名骑士先后战死，项羽的身上也多处受伤，"天之亡我，我何渡为"，此时的项羽想必心理防线彻底崩溃了，面对乌江亭长摆船"急渡"

垓下遗址

的劝说，31岁的项羽自觉无颜面再回江东，最终弃生，血洒乌江。

如果说陈下之战，是刘、项决战的序幕，那么垓下之战则是高潮，东城之战不过是尾声。垓下之战，是楚汉相争中具有决定性意义的战役，既是秦末混战、楚汉相争的终结点，也奠定了汉王朝的基业，被列为"世界古代七大著名战役"之一。对于垓下之战这样一个历史性的战役，其发生地却长时间存在着争议，其中就有范文澜的"河南说"、郭沫若的"灵璧说"等等。这里仅提一下郭沫若主编的《中国史稿》，书中写道："项羽退至垓下（今安徽灵璧南沱河北岸），被汉军包围。"此后，众多书刊采用了这一说法。实际上，1965年区划调整时，宿县（现为宿州）、灵璧、五河、怀远等边缘交界部分划地成立了固镇县，垓下遗址所在的地方，正是属于固镇县所辖范围。

被称为"垓下考古第一人"的安徽省文物鉴定站原副站长李广宁，有着翔实的考证，他说，在古代，垓心就是指战地中心，"垓"其实就是指河边的高地，固镇境内没有一座山，从地理上观测，只有沱河南岸的濠城古城所在的地方，地势最高。李广宁出生于固镇，父亲是来自河北的南下干部，工作在固镇，母亲是灵璧县人，不仅如此，他的妻子，还有弟媳，也都是灵璧县人。1980年，尚在厦门大学读大二的李广宁，开始了垓下古战场的考察论证。此后每年放假，他都要进行实地考古调查，以完善自己的论文。带着照相机的李广宁，徒步走了几百里的路，走村串户，询问老人，考察河流的走向。最终，他的论文引起了广泛的关注，并被多本书刊所转载、引用。李广宁翻阅了《史记》《汉书》《后汉书》等史籍，发现垓下在洨城，洨城在洨水畔，而洨水是淮水（淮河）的一条支流，且在淮水的北侧，所以他认为要确定垓下的所在，必须先找到洨水和洨城的位置。而在翻看《水经注》时，他又发现上面明确记载了另一条河流——涣水，在洨水的南面，与洨水的流向一致，都流入了淮水（淮河），在两条河中间，有着数条纵向的沟水，由西往东依次是蕲水、八丈故渎、长直故沟，它们沟通着涣水与洨水。而确定了涣水、洨水的所在，基本上就框定了垓下的地理位置。

于是，李广宁数次实地"丈量"，调查得出结论，今天的浍河、沱河就是古代的涣水和洨水。确定了涣水和洨水的位置后，李广宁从八仗沟入沱河的交汇口起，沿着沱河南岸踏访，查到沱河与浍河的交汇处，在这一带，发现唯有固镇县濠城才有一座古城遗址，当地人称为"霸王城"，而且就坐落在沱河南岸，与郦道元在《水经注》中所记载的位置吻合。然后他又对濠城古遗址作了仔细的勘察，确定濠城古城遗址就是洨城旧址，其前身为垓下。而垓下古战场的范围，是以濠城遗址为中心的固镇、灵璧、五河、泗县交界处百余平方千米之间。

至于洨城，是西汉前期的侯国首邑。公元前198年，也就是汉高祖九年，刘邦封洨国为垓下，洨国因临洨水而得名，而垓下也因此更名为洨城，刘邦的侄子、吕后哥哥的儿子吕产被封为洨侯，封地就是垓下。吕产被封于洨国，前后达17年之久。其间，吕产曾被立为吕王，后被太尉周勃、丞相陈平所谋杀。到了汉武帝征和元年（公元前92年），洨国被废，改为洨县，其后建制、隶属多有变化。在对垓下遗址的调查中，李广宁特别注意到两种现象，一是在城内的建筑遗址中存在着一些早于西汉洨城的建筑材料，同时在这种堆积物中常常出土蚁鼻钱；二是在城址内外大量出土散落的青铜兵器（箭镞、残剑等）。据此他认为在西汉洨城建立之前，这里就应该是一个集镇之类的聚落了，并且在秦汉之际发生过大规模的残酷战争。如今，考古发掘已经表明，史前这里就是一处重要的文化聚落了。项羽退守至垓下，本身也反映了当时的垓下，在地理、经济上有着重要的战略意义；项羽败亡后，刘邦就将洨国封在这里，也可见古城垓下地位的重要性。

寿县，淮河岸边一个古老的小城。缓缓而流的淮河，到了这里由西北上时，突然就拐了一个弯，这一行径的改变，似乎也暗示着，这里的气场非同凡响。进城，出城，每天，人们都要从古老而高大的城门下经过。风雨剥蚀下的古城墙，虽然屹立了近千年，却仍然坚固如初。当东方既白，城墙上就出现了晨练的人们；夕阳西下，当最后一抹余晖从城门上抚过，这座曾经的楚国王都，又一次沉入了睡梦里。故国神游，多少兴亡事！曾经无比显赫的寿县，那时候，日夜枕着金戈铁马。

因为地处淮河之滨、八公山之阳，为南北要冲、中原屏障，寿县，在历代的政治家、军事家眼里，战略意义非同小可。寿县古称郢、寿春、寿阳、寿州，春秋时为蔡侯重邑，战国时为春申君封地。公元前241年，在两淮地区惨淡经营多年的楚国，这一次干脆将都城东迁到了寿春。楚国选定这个地方作为国之都城，一个很重要的原因就是水。"寿州当长淮之冲，东据东淝，西扼涓颍，襟江而带淮"，自春秋以降，中原通往江南地区的西道，即沿颍水、涡水入淮，又沿淝水施水入长江，寿春正好处在关键位置。史书记载，当年孔子高徒宓子贱为鲁国出使吴国，走的就是这条水路。而且，春秋时期楚国还在此构建大型水利工程芍陂。

话说回来，一个地方一旦建都，那它的意义就完全不一样了。作为楚国的最后一座王都，淮河之滨的寿春，在楚文化晚期放射出了耀眼的光芒。从春秋战国一直延续到明清，除秦始皇定都的咸阳外，其他各朝都城都有城郭之制，即"筑城以卫君，造郭以守民"与"内之为城，外之为郭"的城建规制。寿县的古城格局，大抵也是如此，而在作为楚都时，已基本定型。"恃水为险"，逐水而居的先人，依赖着水，也将水作为屏障。从历史遗址来看，楚都寿春布局规矩方整，古城三面临水，城内分成 15 个区域，每一个区域都系统地规划了水道，与同时期的列国都城相比，这样的布局又别具一格。更为突出的是，寿春城的规模仅次于当时的燕下都。而在几百年后的西汉初期，外姓王英布、宗室淮南王刘安先后据寿春为都城。东汉末年，袁术也在此称帝。

寿县古城墙

无论是被建为都城，还是前后屡为州郡治所，寿春襟江扼淮的水利与地缘因素，无疑是最被看重的。狼烟滚滚，瓦釜雷鸣，兵家拼抢争夺之际，既毁了城，又不得不重修。据清光绪年间的《寿州志》记载，今天的寿县古城墙是在北宋熙宁年间重建的，但在今天的寿县古城墙砖块上，发现了大量地"建康许都统造"字样。根据考证，原来，南宋宁宗嘉定十二年（1219），建康（今南京）都统许俊重建了寿县古城墙，为拱卫建康，宋朝不止一次地增派守淮之军。从地形上看，重建的古城墙形制，基本沿袭了楚都时的"风水"和棋盘式格局，尤其是以水护城、防患于城外的手法未变。

作为全国重点文物保护单位，寿县古城墙是全国七大古城墙之一，比山西平遥古城墙还要早100年，而且是目前国内唯一保存较为完好的宋代城墙。明清以来，根据防御战争和防洪的需要，又不断进行了整修。新中国成立后为了防洪，曾将局部墙垣改用石块垒筑，近年又陆续用石条进行加固。宏伟壮观的古城墙，为寿县"中国历史文化名城"的身份作了厚重的注释。

寿县古城墙的平面略呈方形，城墙周长7141米，墙体高8.3米，底宽18～22米，顶宽6～10米，墙体以土夯筑，外侧贴砖石，砖石之间用糯米汁拌石灰等弥合，异常坚固牢靠，外壁下部有2米高的条石砌基，通体向内欹斜，层层收分。城内面积3.65平方千米，城外东南两面有护城壕，宽约60米，北环肥水，西接寿西湖，外壁墙角筑有8米左右宽的护城石堤。古城有四门，门上印刻着城门的名字，东为宾阳，南曰通肥，西称定湖，北名靖淮。这四座门之外，都设有瓮城，内外门洞为砖石券顶结构。除南门外，东、西、北三门的瓮城门均与城门不在同一中轴线上。其中，西门的瓮城门朝北，北门的瓮城门朝西，在平面上，两者均与所在的城门呈90°角，东门与自己的瓮城门平行错置4米，这样的设置，有着军事防御和防汛抗洪的双重考虑。在东、西城墙边，还可以看到构造奇特的排水涵洞。涵洞依着古城墙的内侧建造，涵体的坝墙呈圆筒状，上端与城墙顶部等高，称为"月坝"。当城内水位高时，积水可由此流出城外，而当城外的水位高于城内时，又会自行关闭闸门，防止城外的水倒灌入城内。这样科学精巧的设计，让人叹为观止。

寿县古城北门大桥上的石狮子，比城墙低，如果水位超过狮首，洪水就会从淮河的"咽喉"峡山口（即孤山）流走。所以千百年来，无论洪水有多大，也从未淹入城内。这也是寿县俗语"水漫狮子头，水从孤山流"的由来。1991 年，寿县遭遇百年未遇的洪涝灾害，县城被洪水围困长达 50 多天，城外一片汪洋，而城内却安然无恙。出自寿县的清末状元孙家鼐曾说："城堞坚厚，楼橹峥嵘，恃水为险。"而流传至今的"铁打寿州城"之说，也并非虚妄之言。寿县古城墙以瓮城、城门、护城河、吊桥、角楼、警辅以及城垛的望洞和射孔，组成了一个立体而完整的防御体系，在冷兵器时代，这样的古城墙被形容为"固若金汤"是不为过的。反过来说，在那样的年代，有着如此坚固的城墙，攻城略地者得要怎样的牺牲才能拿下！

公元 383 年，前秦与东晋之间的淝水之战，就发生在寿县城下、八公山麓。创造以少胜多、以弱胜强纪录的这场战争，还意外地留下了诸如"风声鹤唳""草木皆兵""投鞭断流"等典故和成语。五代十国时，后周与南唐在这里激战，后周大将赵匡胤（后为宋太祖）攻打寿州，也留下了有名的典故"大救驾"。

"留犊情深""刘仁赡死节守城""当面锣对面鼓""门里人""人心不足蛇吞象"等等传说、景点，都与古城墙有着密切的关联。今天，在古城西门的瓮城里，南北墙壁上对称镶嵌着两块石刻，一面是锣，相对的另一面则为鼓。这就是"当面锣对面鼓"的景点。

寿县古城周围，至今还分布着许多古墓葬。1955 年治淮工程中，就发现了位于古城墙西门内的春秋蔡侯墓。王安石曾来这里晚眺："楚山重叠蠹淮濆，堪与王维立画勋。白鸟一行天在水，绿芜千障野平云。"苏轼路过，也写了首诗《寿阳岸下》："街东街西翠幄成，池南池北绿栈生。幽人独来带残酒，偶听黄鹂第一声。"苍苍蒹葭，点点鸥鹭，一派泽国气象。当年的寿州城依山傍水，城垣临淝水绵延曲折，都城内外船只穿行，俨然一大水都，可谓古代东方的"威尼斯"。随着时间的推移，水文也发生了很大的变化。黄河夺淮，淮河与淝河河床不断提高，城址地势相对变低。当年城池"傍淝水畅其流"，逐渐变成了淝水阻滞，难畅其流的状况。假如遭遇连日大雨，淮淝悉涨，内涝频发，不堪其苦。明清时期，寿县城墙进行过多次维修，墙垣的防洪功能和城内的排水设施得以进一步强化。

一座城，就是这样与水有着复杂而交错的关系。一切都如潮水一样消退

淮河岸边春色盎然

了。从前的战马嘶鸣，不复听见。古城门下，被车辙碾压过的痕迹深深浅浅。高耸的城楼，绵延的城垣，在微风中诉说着曾经的龙腾虎跃。

日夜奔流的颍河，像一条玉带，从广袤的黄淮平原穿过，一排排意杨迎风而立。地处黄淮平原南端的颍上，看起来并不惹眼，而早在西周时就已设县，并在隋朝定名为颍上。从颍上走出了一代名相管仲、齐大夫鲍叔牙、秦上卿甘罗，以及作家戴厚英等名人。

颍上县城建有管仲大道、管仲广场、管仲市场，而管鲍祠就坐落在管仲市场内。同几年前相比，管仲市场显得整洁和洋气了。管仲从过商，并且在治理齐国时比较重视商业发展。管鲍祠所处的环境和氛围，大概也暗合了管子的追求和思想。管鲍祠是省重点文物保护单位，始建于明万历六年（1578），由当时的文学家、戏曲家屠隆，在颍上县担任县令时兴建的。如今的正殿塑有管仲和鲍叔牙立像，左壁镶嵌石碑一方，为民国时期所镌刻的《管鲍祠碑记》，祠内修有管仲衣冠冢等。门口和殿内柱上的楹联分别是："佐霸肇开新局面，分金饶见故人情。""相桓公一匡天下，交叔牙万古高风。"对联写得相当有气势，也将管鲍二人的友情浓缩于其中了。除了管鲍祠，高达20米的管仲铜像，耸立在颍城西边的管仲广场。管仲像坐南面北，像是久久地远眺千里之外的齐鲁大地，那里曾是他辅佐齐桓公的地方。

在颍上县北，还有个名叫管谷的村子（管庄），姓管的村民有好几百人，而且和附近姓鲍的村民互不通婚。管仲是春秋时期杰出的政治家、思想家，其祖先是姬姓的后代，与周王室同宗。父亲管庄是齐国的大夫，后来家道中落，到管仲时已经很贫困了。管仲年轻时和鲍叔牙相交，并成为好友。后来他以出色的政治才能辅佐齐桓公成为春秋时第一个霸主。孔子称赞说："管仲相桓公，霸诸侯，一匡天下，民到于今受其赐。"诸葛亮算是一个非凡的人物，这样的一个人，也有着自己崇拜的偶像。管仲就是一个。诸葛亮尚在隆中时，就常常"自比管仲、乐毅"。

阜阳曾有多处分金台，分金台上草青青，也见证了 2000 多年前的管鲍之交。管仲智略过人，鲍叔牙重情重义。管仲曾袒露心迹：生养我的是父母，最了解我的是鲍叔牙。管仲年少时家里很贫困，与鲍叔牙合伙做生意，在赚了钱分红时，管仲总是拿大头，而将小头分给鲍叔牙。别人都说管仲贪财忘义，但是鲍叔牙却说，这不是管仲喜欢钱，而是因为他家里太穷了，要养家糊口啊。管仲曾三次做官，但每次都被君主罢斥了，鲍叔牙认为这个跟管仲的才能没有什么关系，而是管仲的时运不济。管仲曾三次参加战斗，但三次都从阵地上逃了回来，人们讥笑管仲贪生怕死。鲍叔牙就跟人家解释，管仲是因为家里有年迈的母亲，要靠他一个人供养，所以他不得不那样做。在了解朋友苦衷的同时，鲍叔牙处处为朋友着想，也处处维护着他。当然，对于鲍叔牙，管仲也是非常了解和支持的。而两个人的相互扶持，也非世俗眼光可以看透。两个人开始是各事其主。结果，管仲辅佐的公子纠争夺王位失败了，而鲍叔牙辅佐的公子小白继承了王位，即历史上的齐桓公。齐桓公要杀管仲，但鲍叔牙不仅加以阻止，还向齐桓公力荐管仲为相，自己做谏官，两人齐心协力，使齐国很快富强起来。如果鲍叔牙图谋私利，不以宽怀待友，听任管仲被杀，历史或许就是另一番景象。

在今天的亳州，有个地方叫城父故城。城父原名夷，公元前 528 年被楚平王改名为城父。秦末，陈胜败退至此遭暗杀，项羽于楚汉之争中逃经城父，被重重包围，史载有"屠城父"惨状。而这座古城，曾是伍子胥生活、居住的地方。伍子胥是春秋楚国人。他的奇特之处在于他谋略超人，眼光长远，曾辅佐吴国成为春秋一霸。他的父亲伍奢是太傅，辅佐楚平王儿子楚建，但不幸与自己的长子伍尚一同被听信谗言的楚平王所杀。伍子胥曾经和父亲、太子楚建一起戍边于亳州的城父，父亲被杀后，他和太子只能逃亡了，先是到宋国，接着到郑国，最后落脚于吴国。伍子胥结识了吴王的堂兄公子光，并帮助公子光继位为吴王（改名"阖闾"），两次大败强楚。到阖闾的儿子夫差做了吴王后，伍子胥屡出计策，要将野心勃勃的越国灭掉，否则后患无穷，但夫差一意孤行，并迫使伍子胥自杀。临死前，伍子胥命人在他死后将眼睛挖出来，悬于东门之上，要看着吴国被越所灭。果不出所料，伍子胥死后9年，勾践卧薪尝胆复仇成功。

伍子胥自杀的那年，老子骑着青牛西去。要不是函谷关关令尹喜的再三请求，老子著作《道德经》也许就没能问世。这可是人类文化的瑰宝！被誉为"万经之王"的《道德经》，虽然只有五千言，却是博大精深，影响深远。关于他的思想，后世也不乏误读；关于他的故里所在的地望之争，也从来没有停息。老子做过周朝的"国立图书馆"馆长，他是道家学派的鼻祖，也被道教尊称为太上老君。在复杂的春秋乱世中，老子通天究地，认为"道生万物"，主张"无为"，以特有的宇宙观、行知论，创造了一个完整的哲学体系。当然，他希望人类回归到"小国寡民"的原始状态，最终也只能是幻想而已。坐落于亳州老祖殿街的问礼巷，曾是孔子来问礼求教的地方。"老子犹龙"，孔子问礼后发出赞叹。孔子多次求问于老子，这一次他51岁了，到亳州老子讲经的道德中宫，听了老子释道后"三日不谈"，可能是在回味。狭小的道德中宫及其正对的问礼巷，如今处在一片闹市之中。

涡阳嵇山

而在老子出生地的涡阳城北郑店（"正殿"的谐音）村，复建有规模宏大的建筑群天静宫。天静宫南临涡河，北枕龙山，三面环绕谷水（武则天来这里改"谷水"为"武家河"）。在原有的天静宫的遗址上，曾出土了司马光赞颂过的老子石像和"古流星园"石匾。传说，老子母亲在流星园扫地时，突然有一颗流星落到李子树上，她用手去摘，李子自然脱落，而孕育多年的老子诞生了，生下来竟是个满头白发的老小孩。在郑店这个地方，当地人把李子喊成辉子，既是避讳，也是敬重老子光辉的思想。

20世纪90年代初，天静宫考古发掘的一大成果，就是发现了一口春秋时期的瓦圈井，另外八口井在汉代和宋代分别进行了整修，有意思的是九口井是相通的。"万鹤翔空，九龙吐水"，传说老子出生时，九龙吞吐井水为他沐浴。这些神奇的传说，蕴涵了古代人们对老子的祝福祈望和一种深厚的人文精神。

面对同一条古老的河流涡河，蒙城人庄子踏进了老子光照的柔波里。庄子的目光清澈，思绪悠远。比起老子，庄子似乎让人感到亲切些。庄子是姓周，还是姓庄，姑且不论。《庄子》洋洋洒洒，十万言，说的多是寓言故事，有许多让人耳熟能详。鲁迅评价说，《庄子》汪洋捭阖，仪态万方。庄子的文笔是山泉潺潺，自然而流的。他生活困苦，却豁达开朗，自由自在。和庄子有关的故事有"庄子借粮""喻牛辞相"等，最神奇的就是"庄周梦蝶"了。庄子是漆园吏，在自己管理的一亩三分地里，优哉游哉。春暖花开的一天，他在园子里睡着了，做了一个奇怪的梦，梦见自己变成一只蝴蝶了，飞进花丛。醒来时，他还犯迷糊，究竟是我做梦化作了蝴蝶，还是蝴蝶做梦化成了我？翩翩飞舞的蝴蝶一梦，让庄子悟出一个道道儿：万物生灵都是平等的，应该和谐相处。他很快就此写出了《齐物论》。

关于庄子，另一个让人称奇的事件就是他老婆去世了，他不但不悲伤，还鼓盆而歌。"鼓盆而歌"这一事件，不但让他的朋友惠施感到气愤和不解，也让后人疑惑重重。到底是庄子真的超脱了呢，还是另有隐情？文化学者认为是风俗的表现，小说家则展开想象写出了不同版本的故事。朋友惠施死了，庄子竟大哭，门徒不解。庄子就给他们讲解了"斧削鼻灰"的故事，寓意自己失去了惠施，好比没了争辩的对手了。惠施和庄子关于"子非鱼"的辩论，可以列入经典案例。庄子在哲学、文学、美学等方面的成就巨大，他继承、发展了老子的学说，是先秦道家的集大成者。他还与老子一起开创了亳州养生风尚。千百年来，这片土地上的人，特别好养生之道，饮酒食药，顺乎自然，率性而为，比如后来的曹操、嵇康、华佗、何晏、夏侯玄、陈抟等人，都是如此。王安石说得好："吏无田甲当时气，民有庄周后世风。"

城父出谋臣。先是伍子胥，后出张子房（张良）。与范蠡、刘伯温等人一样，张良是中国历史上极少数功成身退、得以善终的谋臣。相传张良"貌若妇女"，但气度不凡。张良祖上五代为韩国宰相，秦国灭了韩以后，张良结交了一批刺客，他举着两个大椎击杀秦始皇未遂，只好更名改姓逃亡。逃到涡阳的石弓山（在今天的石弓镇）时，碰到了高人黄石公。民间传说黄石公乃神人。黄石公站在一座石桥上，见相貌非同常人的张良过来了，故意将脚上的鞋子脱掉，扔到桥下，并叫张良去捡，还要他帮自己穿上。张良见是一位风烛残年的老人，就照他的话做了。黄石公反复再三扔鞋子，张良并不厌烦，三次帮老人拾鞋、穿鞋。黄石公心中大喜，终于找到可靠的传人啦！他将兵书《太公兵法》授予张良，并说10年后天下大乱（陈胜起义，陈胜本人后来在城父被车夫杀害），13年后可在谷城（山东）见到他。《史记》记载，张良得到奇书后神机妙算，谋略高深，以"运筹帷幄之中，决胜千里之外"（刘邦对张良的评价）的能耐，帮助刘邦打败了刚愎自用的项羽，峰回路转，夺了天下，被封为留侯。13年后，张良与汉高祖刘邦路过谷城，果然得到一块黄石，张良死后，和黄石葬在了一起。张良得奇书的石桥，被后人称为"遗履桥"，位于涡阳石弓镇西侧的包河上，可惜被当地人拆了，修了新的水泥桥。原来桥上有个石人，凡是路过的人都要在石人头上滴油，这叫"敬石老"。

亳州人曹操，家喻户晓。长时间里，他的民间形象是"白脸"，阴险狡诈，心狠手辣，十足的奸贼。易中天在"品三国"时讲得很多，认为他是个"可爱的奸雄"，一个极为丰富、多面，极有个性又极富戏剧性的人物。鲁迅说曹操"是一个很有本事的人，至少是一个英雄"。对于曹操，郭沫若等人都翻了案，做出了比较公正的评价。曹操凭借杰出的文治武功，统一了中国北方，在政治、军事、文学、书法、音乐等方面均有成就。在亳州，以曹操为首的曹魏集团，因为思想通脱，能容纳异端和外来思想、文化，以至于玄学等众多学说兴盛起来，酒文化和医药文化随之发达起来。曹操自己就整理归纳了民间的酿酒方法。

东临碣石，魏武挥鞭，于天下大局和人生命运，曹操的心底可谓激昂悲壮，波诡云谲。曹操的复杂，也可以说是反映了那个时代的复杂。他对待刘备、关羽，对待张辽、陈琳，对待许攸、杨修，对待蔡文姬、孔融，等等，手段不一，复杂多样。曹操和他们的关系，在时代风云中充满了张力，构成了一部宏大的叙事诗，也留下了"望梅止渴""挟天子以令诸侯""煮酒论英雄"等经典故事。曹操，还有他的那几个儿子曹丕、曹植等，都是建安文学的领军人物，"昼携壮士破坚阵，夜接词人赋华屋"。红学界有一说法，称曹雪芹是曹操的后裔。曹操的三儿子曹植，才华奇崛，七步成诗，千古传诵，感人肺腑。曹操的小儿子曹冲是个神童，"曹冲称象"说的就是他智力过人，他还"刀穿单衣"，机智地救了库吏一命。可惜，天妒英才，曹冲早慧早夭了。

亳州芍药

曹操在亳州留有很多遗迹。像观嫁台、八角台、谯望楼、拦马墙等，可称为一大奇观的则是地下运兵道。如今在曹氏宗族墓群的东北角，有个曹园，住在那里的人说，他们就是曹操的后代。在亳州城东的魏武故宅（现已不存），还有两棵千年的银杏树，两棵树相距半里路，分别在现在的前、后贾店。树上挂有红色的神帐，因为旁边都是水泥建筑，风水地气改变很大，两棵树的主干差不多枯裂了。

古老的淮河，是深沉而绵长的，在她的怀抱中，孕育出了诸多的智者达人。与尧舜禹齐名的上古四圣中的皋陶，助禹治水，统领诸事，制定刑法，播撒仁德，其思想精华为后世诸子百家所吸收并发扬光大；老子在涡河岸边通天究地，庄子逍遥自在，梦而化蝶；乱世之中的管子，作别颍水边的父老，北上辅佐齐桓公，济世匡时，成就春秋首霸；淮南王刘安聚拢天下宾客，著书立说，探究宇宙人生；一代枭雄曹操，起兵亳州，挥鞭中原，统一北方；神医华佗，名士嵇康，女英雄花木兰，草根皇帝朱元璋，等等，英才辈出，灿若星汉。

无怪乎近人梁启超感叹："淮河流域，阳开阴合，为我国数千年来政治史的中心，其代产英雄，龙跳虎卧，为吾国数千年人物史的代表。"

让我们将目光再次投向淮河北岸。这是一座有着 4000 多年历史的古镇，名叫临涣，处在安徽、河南两省五市县（宿州、淮北、永城、涡阳、蒙城）之间，地理位置相当独特，距离这五市县都在 35 千米以上，这里已经开采了6 个矿，并有省 "861 重点建设项目" 淮北临涣煤焦化基地。

临涣是安徽历时文化名镇，也是全国民间文化艺术之乡。临涣的名字听起来有些诗意，其由来，与涣水有关，因为最早的古城就是临涣水而建的。涣水又称浍河，发源于河南的浍河，全长 211 千米，流经临涣境内的约 15 千米，下游通到蚌埠的五河县。以面食为主的临涣流行着一句谚语 "上五河县吃大米"，说的就是乘船到五河去。

同样发源于河南的泡河，在浍河的南面，奔流向北，到达临涣镇南阁，注入浍河。在当地，人们习惯地称泡河为外河，浍河为里河。宽有 50 米左右的浍河，冬日下，显得安静、平缓，河两岸的意杨，寒枝瘦干，反衬着古镇的市井闹象。

临涣古镇的夯土老城墙

日夜奔流的涣水，见证着临涣的繁华往事。唐宋时期，整个内城东西长18千米，南北宽12千米。宋代通达东京汴梁的浍河上，舟楫往来不绝。明清时期，豫皖苏浙四地的船只频繁地出入临涣，停泊在临涣码头等待装卸货物的船只，每天不下100艘，最大的木船载量能达到10吨，临涣专门以水运为生的船家将近30户。后来铁路兴起，河道淤塞，水运渐废，临涣交通优势不再。

作为曾经的要津和繁华城邑，临涣集聚了从河南、山东、山西、福建等地迁来的移民，至今在临涣还有他们的后代。并且，这里建起了山西会馆、福建会馆等多个会馆。如今，坐落在临涣粮油站院内的山西会馆，建于明万历年间，是由在临涣经商的山西人捐资修建的。在临涣镇，还有更古老的遗迹，比如保留有龙山文化遗存的观星台遗址和属于新石器时代的黄土岗遗址，还有战国时期的蹇叔墓，以及始建于战国晚期的临涣古城墙。作为古代的防御工事，临涣古城墙是用夯土建成的，此后添加覆土，进一步加固。据记载，陈胜、吴广揭竿起义，攻打的第一座城池就是临涣（当时叫铚城县）。临涣古城墙的南面是浍河，背面和东面有护城河，西面为壕沟，至今古城墙上还保留有9个烽火台遗址。

青砖灰瓦的文昌宫，是临涣镇的一大骄傲，它是全国重点文物保护单位，为淮海战役总前委旧址。始建于唐代的文昌宫目前设有临涣文物陈列室，保存有唐代大力士像、柱础和神像莲花盘底座。

"临涣茶馆"是个现象，海内外的摄影家、文化名流来此拍摄茶馆、茶客以及体察这里的浓郁茶风。历史上的临涣，因为是交通要地，商旅往来密集，人们经由此地少不了要果腹饮茶。极富特色的临涣棒棒茶，有史可查的记载就有600多年了。无论平时，还是过节，临涣人喜欢到茶馆泡茶喝，家有婚丧嫁娶办大事的，会到茶馆商量着；也有的是谈生意的、消遣的，更多的是后者。临涣茶馆里普遍喝的棒棒茶，其实再普通不过，就是剪断了的一截一截茶枝或者说茶叶柄。这些茶棒棒经过发酵，就成了棒棒茶。在安徽，只有临涣这里喜好这种茶，而且专门从六安、祁门进货。

棒棒茶其实一般，但泡茶的水却有些独特，正应了那一句老话：化腐朽为神奇。临涣茶馆里喝的茶水，都取自一口古泉——龙须泉。临涣有四大古泉，沿浍河呈"L"形排列，但现在除了龙须泉还汩汩出水、清亮可鉴外，回龙泉、金珠泉和饮马泉这三泉，由于修路等原因，已经湮没于土层之下了。

临涣的泉水，据说曾为贡水。硕果仅存的龙须泉，也就显得金贵。龙须泉是个温泉，冬暖夏凉。1998年，水文专家对临涣古泉水进行化验鉴定，确认该泉水含有23种对人体有益的矿物质。据说长期饮用还能治病防癌呢。临涣的茶馆主要分布在南阁老街上，因为茶馆和茶客，老街于暗淡的颜色中浮动着生

临涣古镇上的茶客

气。镇上现存的明清老街，主要有东西向的横街（又称"青年街"）和南北向的南阁街，两条老街相互连接，形成一个"丁"字形。老街两侧的建筑，保留着一些古建筑风格，青砖，小瓦，多梁，抱柱。屋檐下的斜撑，被称为"马腿"。有人说，临涣鼎盛时期有108条街道，每条街道都有自己的特色和名称。像白布街就是专门卖粗白布的地方，铁器街则是卖铁锅铁刀用具的。

从早上喝到天黑的，最后还带壶茶回家喝的，被称为"茶瓢子"。临涣周边几个矿上的人，也都时常来喝。喝茶，嚼馍，长约一尺的杆子馍，很有筋道，烤得焦黄焦黄的。有人说，因为经历了太多的水患、战乱和更迭，临涣人处世便显得豁达、闲淡，好饮茶、好养生。

看上去有些土的街道，不大也不小，低矮的老房子仿若泊在岸边的木船，风剥雨蚀，斑驳不堪。茶馆里永远人影憧憧，茶具粗拙，茶风悠长，涣水微波，古道湮没，古城如蝉蜕慢慢改变，气息混沌却耐人寻味，而就在普通景象中，潜藏着一股深沉的力量；喧嚣的市井之中，人们的骨子里透着的是那种执拗的散淡的劲。

这就是淮河边的一个民情风俗的缩影。

淮河岸边，古韵深沉。每一个地方，都有着说不完的历史与故事，也让每每来这里打量的今人吃惊非小。如果不是实地踏访，很难将阜阳市阜南县与著名的"鹿上会盟"发生地联系起来。阜南县城关镇如今名为鹿城镇，之所以改名为鹿城，这跟历史上的"鹿上会盟"有很大关系。据记载，阜南在春秋时属于宋地，称为鹿上，这里曾建有一座鹿上城邑，公元前639年，一心想当霸主的宋襄公邀集齐、楚两国国君，在此会盟。当地人介绍说，鹿城故址地势较高，四周有壕沟，长满了芦苇，周围的农田里到处都是瓦片、陶片，村民们在田地里也不时地耕出箭镞、断剑之类的东西。

阜南县处于淮河、洪河、润河以及小润河的汇流区域，地势低洼，自古以来就是行洪区，河流常常改道，一些古墓葬、古遗址也随之被冲刷出来。流经境内的小润河，可谓一条神奇的河流，从这条河流里"现身"的文物曾震撼了世界。据介绍，小润河附近有许多古遗址，在古代那里应该有一个很大的聚居点。小润河发源于大运河，从临泉流向颍上，平时水小，靠近颍上，后来水域越来越大。

抗战时期，有一天，小润河附近的农民张殿春来到小润河月牙湾割青草，突然他看到一只鳖趴在泥堆上晒太阳，于是就悄悄地上前去抓，那只鳖很机灵，一歪身就溜到水里去了，张殿春随身带的镰刀砸在了泥堆上，却发出了响声，张殿春用手扒拉一下，竟然发现这是一件很大的器物，搬也搬不动，便回家喊来了他的父亲，两个人费了很大的劲，才挖出了长方形的后来被认为是铜鼎的器物，同时他们还挖出了 12 件如小锅一样的东西（主要是铜鬲）。

张殿春和家人以为挖出来的东西是香炉，为了换钱，送两件铜鬲给当时的阜阳守城部队司令李觉，却没得到一分钱。后来他又送了两件给在蚌埠当水上警察的一个亲戚，想通过亲戚卖一点钱，但那位亲戚也是拿了东西没有后话。此后，亲戚朋友谁开口要就送给谁一件，最后将大鼎送到村中的庙内烧香用。就这样，13 件青铜器流散四处。直到新中国成立后，国家博物馆找回了 7 件。很可惜的是，那只硕大的铜鼎被卖到废品收购站，后来被冶炼厂熔化了。而另外一只饕餮纹三牛尊，则流落到了日本。

而就在张殿春意外获得 13 件青铜器的地方，惊世的青铜重器，又一次被发现。1957 年 6 月的一天，当地农民徐廷兰在这一带撒网打鱼，连续几网都没有收获，忽然一网撒下去，像是网住了一条大鱼，网很沉，却挣拉不了。徐廷兰便趟水下河，顺着网摸到淤泥中有硬东西挂住了渔网。他解脱渔网后，跑回家拿来铁锨将硬东西挖出来，原来是大小不同的 8 件青铜器，绿锈斑斑，件件完好，徐廷兰便悉数背回了家。

不久，徐廷兰撒网撒到了宝贝的消息传开了，安徽省博物馆派文物专家前往鉴定。原来 8 件青铜器都是商代文物，是成套的酒器，其中龙虎尊、饕餮尊尤为珍贵，而且龙虎尊的鉴别和命名最终是由郭沫若一锤定音的，8 件青铜器全部被列为国家一级文物珍藏。小润河的这一重大发现，引起了中外考古学家和历史学界的极大关注，1959 年《文物》杂志第二期作了综合报道，刊登了全部照片。日本 1960 年出版的《世界美术史》的中国部分，将龙虎尊图片作为封面刊出。后来，国家文物局将龙虎尊调拨到中国国家博物馆收藏。

阜阳临泉是有名的杂技之乡，从界首往临泉县城的路上，可以见到沈子国遗址。周朝曾在这里建有沈子国，沈子国是周文王第十子聃季载的封地，只是如今从界首到临泉的省道，将沈子国旧址一分为二。不过放眼望去，还是能感受到这里潜藏的古意。流鞍河（颍河的一段）呈"S"形，水面宽阔，菱角密布，河边柳树依依。这一带，有一处凸起的土堆，植有翠柏，翠柏中，有亭翼然，据说这个土堆是一处新石器时代遗址，曾进行了考古发掘。

淮河岸边，物产丰富。淮河流域矿产资源以煤炭资源为最多，初步探明的煤炭储量有 700 多亿吨，主要集中在安徽的淮南、淮北和豫西、鲁西南、苏西北等矿区，且煤种全、煤质好、埋藏浅、分布集中，易于大规模开采。淮河岸边，历来名酒多，如口子窖酒、文王贡酒、古井贡酒、沙河特曲等等。

淮河在我国东南部南北分界的地理区位，自然赋予了淮河文化鲜明的地域特色。以淮为界，北称"黄淮"，南称"江淮"，淮河文化正是黄河文化与长江文化数千年融合的结果。它主要体现在淮河干流两岸空间范围内，反映出南北过渡、兼容并包的特色。

淮河虽然是居黄河与长江之间的南北界河，但在文化上，却是融而不阻的中间地带。南方人说它是北方，北方人说它是南方。"骏马秋风塞北，杏花春雨江南"，这两种截然不同的文化景观，反映出淮河两岸以淮为界，有着平原与丘陵的地貌，旱粮与水稻的农耕方式，南米北面的生活习俗，南茶北酒的饮食习惯，水寨与山村的居住群落，南舟北车的交通方式，南蛮北侉的方言区划，南柔北刚、南细北爽的个性特点。

再进一步细究，不难发现，楚郢都寿春出土的青铜器，吸收了吴越先进的冶铸技术，才达到战国时期青铜器鼎盛的水平；处涡淮口的怀远，以江淮方言渗入中原官话而出现的方言岛，成为文化交融的"活化石"；由中原地区传入的花鼓灯艺术，从淮河上游传播到怀远，出现了豪放与轻灵融为一体的独特风格，被誉为"东方芭蕾"；闻名世界的凤阳花鼓质朴而委婉，是淮河中游地区民间艺术向江淮地区过渡的艺术形式，而盛行于苏、鲁、豫、皖交界地的"泗州戏"，则是明清时代流行于淮河流域古泗州一带"拉魂腔"的传承与演进。

"女人听唱拉魂腔，面饼贴在腮瓣上。男人听唱拉魂腔，丢了媳妇忘了娘。"据介绍，在淮北平原一带流传了 200 多年的泗州戏，其唱腔离不开特有的地方方言，韵律既婉约，又豪放。女子唱腔很丰富，婉转悠扬，余味无穷，男子唱腔高亢、粗犷、爽朗。唱的人一起调门，立马静场；再唱，听者身在戏境中，魂儿慢悠悠地出了窍，优哉游哉。由此，泗州戏有了"梨园拉魂第一腔"的誉称。泗州戏是在民间说唱的基础上形成的，吸收了京剧、民间花灯、旱船、跑驴等表演形式，因而明快、活泼、刚劲、泼辣。与几十年前相比，如今的泗州戏唱腔更加大气、优美，板式亦有 10 多个，花脸有 20 多种。

亳州花戏楼

淮河岸边，戏曲声声。艺术来源于民间，当然要回归民间，才能历久弥新。界首彩陶，阜阳剪纸，临泉杂技，淮河琴书等等莫不如此。它们孕育于淮河流域，是淮河子民与自然、与生活亲切交融而开出的艺术之花，是淮河人豁达开朗、畅享生活的风貌体现。而这大概也源于老庄的影响。诞生于这里的道家学说，与儒家学说构成了中国传统文化的两大支柱。作为一种古老的智慧体系，道家的思想已经融入了人们的生命之中。

时间如水，大美不言。

二、巨流奔涌：长江

从辽阔无际的雪山高原到汪洋恣肆的东海，一江东流，流过了4500多万年。

不舍昼夜，自远古深处流来，奔向无限的时空。这就是巨龙一样腾跃的长江。尽管历经了沧海桑田的变化，它却始终如一，不知疲倦地奔腾到海。从最初的涓涓细流，到吸纳千万条河流，汇合成波浪滔天的雄阔江面，中国第一大河——长江，出千峡、过万谷，横贯中华大地。江水流过的地方，泥土松动，坚石滚落，风吹树摇。云天之下，巨浪激荡，万山耸立，千嶂叠翠，风光万千，生机勃勃。

长江地跨中国地貌的三大阶梯：西部高原高山区、中部中山低山区和东部丘陵平原区，全长6380多千米，沃野千里，流域周边多山地围绕，同时中国大陆境内1平方千米以上的自然湖泊有77%分布在长江流域。江水滋润着大地，生命繁衍亘古如新。长江流域覆盖着中国大陆1/5的陆地面积，是早期人类生存和演化的重要地区之一，现在则养育了中国大陆1/3的人口。长江经济带已经成为中国当下最大的经济带。与黄河流域一样，长江流域也是中华民族的发源地之一。长江流域各区域文明总称长江文明，与黄河文明等中国各大古代文明长期相互影响，融合为中华文明。而长江文明区域之广、文化遗址数量之多、密度之大，堪称世界之最。长江文明，尤其是长江文明中的"稻作文明"，给东亚以及世界带来巨大的影响。

云蒸霞蔚，江水泱泱。长江是中国水量最丰富的河流，也是世界上运输量最大的河流。在现代安澜工程的疏导和利用下，长江发挥出前所未有的巨大能量。长江还是一条诗之河、文化之河。伴随着滔滔江水的，是无数歌咏长江的诗文篇章。地理学家郦道元在《水经注》里以不到200字的篇幅，就精练传神地描绘出长江三峡的旖旎风光："自三峡七百里中，两岸连山，略无阙处。重岩叠嶂，隐天蔽日……"诗人李白畅游长江，写下众多精美诗篇，他在《渡荆门送别》里写出了长江的壮阔："山随平野尽，江入大荒流。"同样呈现长江雄浑空旷意象的还有杜甫的《旅夜书怀》："星垂平野阔，月涌大江流。"面对滚滚长江，文豪苏轼更是气势慨然："大江东去，浪淘尽，千古风流人物。"

从流域来看，安徽境内的江段属于长江下游。长江自江西湖口附近进入安徽，大致为东北流向，从安庆宿松境内的小孤山始，至马鞍山采石矶，最终从和县乌江镇附近流入江苏。长江途经安庆、池州、铜陵、芜湖和马鞍山5座城市，长约416千米，俗称"八百里皖江"。之所以称为皖江，是因为安徽简称"皖"，而"皖"的名字，又与境内古皖国（周朝）、皖山（天柱山）、皖河有关。清朝大学士张廷玉评价宣城梅氏家族时说："上江人文之盛首宣

安庆长江大桥

城，宣之旧族首梅氏。匪特仕科名甲于遐迩，而文章经济理学名儒，自有宋以来，彬彬郁郁绵互辉映。"这里的"上江"，指的正是安徽。因为长江从安徽流入江苏，所以旧时称安徽为上江，江苏为下江。

马鞍山李白纪念馆

长期以来，由于新构造自北向南倾斜运动和地球偏转力的影响，长江河床南移，北岸平原渐长，南岸丘陵（矶）突显，而河床在石矶处变窄偶又展宽，形成宽窄相间的藕节状河床。从地形上看，皖江沿岸多为平原，并且多支流和湖泊。两岸支流也比较对称。自西向东，北岸较长支流有皖河、巢湖的裕溪河、滁河，南岸有青弋江、水阳江，还有池州的秋浦河、九华河，芜湖的漳河等；主要湖泊有池州的升金湖、枞阳的白荡湖、宣城的南漪湖（南湖）等。皖江水流缓慢，江心洲多达40多个。长江自江西进入安徽，受皖西、皖南两山控制，出安徽段又受到东、西梁山所夹，形成沿江平原北部以皖西山地与江淮台地为分水岭，南部以黄山、九华山脉为分水岭的地形地貌。在这块土地上，其气候、物产和地貌等基本相同。

马鞍山采石矶

对于长江这样一条河流而言，若完全从地理和一些数字来解构，显得过于枯燥和单一，还是从中国传统文化中的古诗说起，从诗仙李白着眼吧。

李白性情高蹈，好观奇书，颇有一股任侠之气。20 岁后，他遍游蜀中山水。公元 725 年，李白"知大丈夫必有四方之志，乃仗剑去国，辞亲远游"，东出夔门，开始了长达 37 年的行吟生涯。"朝辞白帝彩云间，千里江陵一日还。两岸猿声啼不住，轻舟已过万重山。"像一只大鹏，年轻的李白充满了自由高翔的逸兴和喜悦。这一年，李白 25 岁，他乘舟顺江而下，来到马鞍山当涂，苍茫壮丽的江水，激荡着诗人的心胸，著名的七绝《望天门山》就此诞生，诗人大笔一挥："天门中断楚江开，碧水东流至此回。两岸青山相对出，孤帆一片日边来。"诗中提到的"楚江"，即长江。因当涂战国时属楚国，故称流经此地的长江为楚江。诗中所写的"天门山"，实际上是东梁山、西梁山两座山的合称。两山夹江而立，像两扇打开的门。天门二山中，以东梁山最为陡峭，突兀江中，如刀削斧砍，巍巍然砥柱中流，从源头一直东流的长江，到了这里不得不折向北流，形成了"碧水东流至此回"的奇特景象。

据考证，自李白25岁时第一次来到马鞍山，直到62岁终老于此，37年间他先后7次游览此地，留下了50多首诗、20多处遗迹。而且，李白最后写的诗篇《临终歌》就是在马鞍山留下的。马鞍山有个著名风景区叫采石矶，相传李白多次来这里泛舟赏月，最终是一次大醉，酒后为打捞长江里的月亮而落水身亡了。

从地域范围上看，一生喜欢游山历水的李白，曾到过唐时皖北的亳州，皖中的和州、庐州，皖西的舒州，皖南的宣州和歙州等地，足迹几乎遍及安徽全境。尤其是在晚年，李白对安徽沿江、皖南这一带情有独钟。孤帆远影，一叶扁舟。也许，正是奔腾的长江，飞溅的浪花，激发了诗人绵绵不绝的灵感和才思。

西梁山边，"振衣濯足"四个石刻大字，不知李白可曾琢磨，若确属王羲之之笔，"书圣"与"诗仙"也算隔空会心一笑。我们宁愿信其真。东临长

和县刘禹锡纪念馆

江的和县，古名历阳，北齐天保六年（555），齐、梁在历阳议和，改历阳为和州。与和县隔江相对的，便是南京、马鞍山、芜湖。小小和县，竟闳约深美，隐约有鸿蒙气象。滨江古城就是不一样，更何况厚载人文。江风送雨，鱼龙争月，浩荡东来的长江，突然回了个身，浪花溅起，巨大的声响，惊了龙潭洞的猿人，那一刻，茹毛饮血的残迹黏在腮边……

面对着白帆大江，寄居陋室的刘禹锡，心气高远博大。公元824年，刘禹锡从长江上游的夔州，顺流而下，来到和州任刺史，尽管贬谪转任多地，但文思不减，佳作迭出，在和县写就的《陋室铭》，影响尤为深远。"山不在高，有仙则名，水不在深，有龙则灵"，简洁明了的句子，力透时空人心。开篇之语，仅是潜台词，"斯是陋室，唯吾德馨"才是要旨。刘氏陋室，位于今天的和县城关历阳镇，旧屋无存，复建的也相当简约。

和县霸王祠

乌江渡。名字透着诗意古韵，也有英雄末路的深沉况味。到乌江镇，自然想去乌江渡，但已经湮没无存，只有遥想那位撑篙划船的亭长了。出自乌江镇的诗人张籍，纵然奔波不堪，也要墨色流淌，写尽世态人情。张籍是杜甫的铁杆粉丝，与韩愈、白居易交好，几次回乡又数次远游，留下许多诗作，也留下一箩筐的典故逸事。

这一地的旧时月色中，霸王谢幕乌江，最令人欷歔。纪念项羽的霸王祠就在凤凰山上，乌江渡口旧址。站在高台上，左顾右盼都是阡陌农田，哪有逶迤江畔？时易岸迁，彼时大风骤起，乌云飞渡。在霸王祠里，留有旗杆台、相依树、三圆井、驻马河，还有一株奇特的梅花，花开两色，一半如红云，一半似白雪，盛开的时候，妍妍的，倒也冲淡了霸王祠斑驳古旧的气色。

和县霸王祠中的驻马河

和县有株"半枝梅"，更耐人寻味。北宋文人杜默倦意生起，毅然挂冠，离京时顺手买了六株"玉蝶梅"，带回故里，硕果仅存地活了一棵。原来花开如雪，后来变为粉红，花开半树，花形似蝶。如此奇葩，人文濡染更有光彩。口耳相传中，大画家戴本孝极爱这半枝梅，一画再画。戴本孝名列"新安画派"，曾遁迹于山林，后归葬于和县戴村，牵连于清廷"文字狱"，死后遭戮尸，其人其画多有隐没。

在江城和县的翰墨源流中，明代的张即之、清初的戴本孝，及至蔚然崛起为艺术高峰的林散之，可谓波波相接，潺潺流淌。城中，有文庙、文昌阁，有文名彪炳的陋室，有晨钟暮鼓的镇淮楼。抚着刻有纪年、督造官名字的古砖，一级一级登上镇淮楼。此时，天阴欲雨，往来者急匆匆，真真如过江之鲫。南面，正大兴土木；往东，鸿蒙一片。

草木萧萧的秋夜，朱元璋率众将登临镇淮楼，四下一望，豪气顿生："中原杀气未曾收，江北淮南草木秋。我上镇淮楼一望，满天明月大江流。"亘古的静好，映衬着江波的涌动。朱元璋还写了一首诗："罢猎西山坐拥旗，一山出地万山卑。崔巍巨石如天柱，撑着老天天自知。"

和县镇淮楼

和县鸡笼山形胜，一如朱诗所写。更早的时候，赵匡胤在此安营扎寨，并生了个儿子。从山旁掠过，由近至远地望着，影影绰绰。宋代杨万里，回看鸡笼山，"万峰送我都回去，只有鸡笼未肯辞"。

当长江自西向东奔流来到皖境，与发源于大别山的皖河汇合后，声势更为壮观。船过皖江北岸，首先映入眼帘的就是安庆市的标志性建筑，有着400多年历史的振风塔了。

按照所谓风水的看法，长江是中国最大的"龙脉"，它的流程越远，所携带的地气也就越旺盛。作为山水交会的一大吉壤，古城安庆南临日夜奔流的浩瀚长江，北枕风光绮丽的大龙山脉。"万里长江此封喉，吴楚分疆第一州"，自南宋建城开始，安庆便成为皖西南的政治、经济中心和战略要地，还曾是安徽省会的所在地。但凡南北有战事，必然争夺长江，争长江则以武汉、南京为上下之枢纽，而安庆，恰好处于两者之间，以至于明末抗清英雄史可法驻守安庆时，曾刻石称之为"宜城天堑"。太平天国时，安庆成为天京（南京）的屏障，先后由石达开、陈玉成镇守。

古塔高耸，江水深流；山峦起伏，万木葱茏。长江之水，滋润出了出类拔萃的安庆人。在哲学、科学、史学、文学、艺术等各个领域，安庆人屡有建树。迎着习习的江风，"桐城文派"雄振文坛 200 多年，支流余裔满天下；四大徽班联袂晋京，清音黄梅唱响皖山皖水。

八百里皖江，深受禅宗影响。沿江一带，佛塔寺庙林立，尽管历经浩劫，但至今还存有安庆的振风塔，池州的百牙山塔、清溪塔、金地藏塔，铜陵的

管窥安庆长江景色

羊山塔，宣城的广教寺双塔，芜湖的中江塔、赭山塔，巢湖的黄金塔，马鞍山的金柱塔，等等。从现有的资料看，至少在东晋大兴年间，安庆境内的太湖、潜山等地，已有了关于寺僧的活动。在中国禅宗史上，位居长江北岸的安庆是具有坐标意义的地方，禅宗二祖慧可司空山开宗立派，三祖僧璨天柱山传播法雨。而安庆迎江寺，虽然规模不大，却历史悠久，声名远播。

江阔天远，无风有浪。临江而立的迎江寺，阅尽江天水色。山门边，两只巨大的铁锚沉重有力，仿佛天赐神物，将全国重点寺庙迎江寺以及宜城安庆这艘千年的"古船"，牢牢地定在了长江北岸。不过关于迎江寺的起源，却有着不同的说法。一度流传的版本是：北宋开宝三年（970），前往四川峨眉的名僧涵万，路过安庆，见这里背山面江，风景清幽，决定结茅安禅，前后花了 3 年多的时间，于北宋开宝七年（974）建成。据说，他后来又在安庆的西门建了太平寺。

但这一说法遭到了有关专家和学者的质疑，2001 年出版的安庆迎江寺第一部寺志《迎江寺志》（黄复彩主编）记载：该寺为明万历四十七年（1619），由怀宁县士绅阮自华募建。明光宗朱常洛还亲书匾额，赐名为"护国永昌禅寺"。

迎江寺又叫万佛寺、迎江禅寺、敕建十方永昌禅寺等，清同治年间定名为"迎江寺"。迎江寺自建成以后，历经多次整修，臻于完善。数百年来，迎江寺香火旺盛，名僧辈出，鼎盛时僧徒多达千人。整座寺院建筑在安庆城东南、长江岸边的高地上，由殿、堂、阁、楼、房、塔、园等古建筑群组合而成。寺内有天王殿、大雄宝殿、振风塔、毗卢殿、藏经楼五大主体建筑，供奉的神像、佛像近 500 尊。北有宜园（放生池），西有大士阁、慈云阁（内有广慈殿），东有迎江楼（素食茶楼），后有盆景园，其间九曲回廊，明暗互通。

迎江寺的山门，面对长江。走进山门，就会看到匾额上清光绪皇帝题写的"迎江寺"三个鎏金大字，令人奇怪的是，"寺"字缺了一点。据说，光绪八年（1882），光绪南巡至此题写了匾额，受制于慈禧太后而难以施展抱负的光绪，有意不写"寺"字这一点，借此暗喻遗憾、苦闷的心境，希冀他日圆满（当然，这只是个传说，因为 1882 年时光绪帝还是个 11 岁的孩子）。巧合的是，后来慈禧也为迎江寺题写了"妙明圆镜"的匾额。光绪所题的匾额，曾长时间秘藏于迎江寺山门的夹墙中，直到"文化大革命"后重修寺庙时才得以发现。而清代更早的御赐皇封，还有乾隆皇帝所题的金字匾额"善狮子吼"。

从山门步入，迎面就是天王大殿，弥勒佛端坐神龛，四大天王分列两侧。拾级28层而上，是赵朴初手书匾额的大雄宝殿，赵朴初是安庆太湖人，生前曾任中国佛教协会会长。大雄宝殿内，如来佛慈眉善目，阿难、迦叶祥和稽首；文殊、普贤、观音、地藏四大菩萨和药师大佛、阿弥陀佛及降龙伏虎十八罗汉，各具神韵。毗卢殿内，毗卢遮那佛和帝释、大梵两大天王宝相庄严，雄踞殿中。藏经楼，珍藏有明光宗敕赐描金《妙法莲华经》和素描观音大士像等瑰宝。此外，迎江寺还藏有众多名家书画。

在大雄宝殿和毗卢殿之间，振风塔高高耸立着。"过了安庆不说塔"，来到迎江寺，是无论如何也要登上振风塔的，振风塔是全国重点文物保护单位，也是安庆市的地标建筑。

源于佛教的塔，本来是作为佛教高僧的埋骨建筑，但有许多塔，已远远超出了本来的意义和范畴，而变为风水塔、景观塔等等。而安庆振风塔的最初建造，据说就是为了"以振文风"。在当时的风水先生来看，安庆北枕龙山，南滨长江，地甚平，而江水滔滔，文采东流，"须镇以浮屠，青龙昂首，为人文蔚起之兆"。明隆庆四年（1570），当时的安庆知府王鹅泉（字宗徐）采纳了这一建议，发动乡绅建起了振风塔。根据记载，在建筑科学还不甚发达的当时，振风塔系用原始的"堆土法"建造而成。当塔建成后，用以堆塔的大量泥土无法运走，就散开在振风塔周围，形成了一片高地，而49年后，即万历四十七年（1619），阮自华就在这样的高地上建造迎江寺。这也就是今天所看到的迎江寺地基为什么会比它周围的地势要高出许多的原因所

安庆振风塔

在。最初的振风塔是由北京白云观道人张文采设计的，白云观天宁塔就出自他之手。负责施工的是望江和江西的建筑技师。振风塔的造型和结构是集我国历代佛塔建筑艺术之大成的，设计精巧，造型别致，结构新颖，在我国佛塔中独树一帜。

振风塔为楼阁式砖石结构，塔身共7层8面，高72.74米，在全国108座砖石结构的古塔中，其高度位列第二。从塔底到塔顶，每层按比例缩小，呈螺旋形上升，塔尖为葫芦状，塔内有台阶168级，盘旋而上可直达塔顶，从第二层到第六层有白石栏杆环卫，可供游人凭栏远眺。"嵌空玲珑，门户变幻"，振风塔的塔门布局，迥异多变，趣味横生。从第二层开始，每上一层，都需要找台阶，往往觉得已经找到了更上一层的门，循门攀登，却又碰壁，而一旦找到了正确的门路，不免恍然大悟。塔内佛龛供有600多座砖雕佛像，振风塔也因此叫"万佛塔"。塔上各层还设有灯龛，龛后有缝，直通塔内夹道和空厅顶部的各壁佛。佛灯长明的振风塔，一度发挥着灯塔的作用，为江上夜行船只引航。长江横流，塔影横江，烟水茫茫之中，舟只往来不绝，一派寥廓景象。自古以来，安庆这里通儒硕学层出不穷，而文艺百家也是灿若繁星。被誉为"万里长江第一塔"的振风塔，如高高的桅杆，也如一支巨笔，见证着安庆人文的勃兴炽盛。

皖江的水利，为曾国藩创立"安庆内军械所"提供了便利，其试制的枪炮、蒸汽机和小火轮属于全国首创。辛亥革命中，安庆、芜湖是重要革命据点，也是马克思主义的先播地。陈独秀发动了新文化运动，《新青年》早期作者群几乎全来自皖江地区，皖江地区是安徽创办报纸最早、最多的地区。

1904年，陈独秀顺江而下，由安庆来到芜湖，寄居于中长街20号芜湖科学图书社，白天任教于赭山皖江中学和安徽公学，晚上挑灯编撰《安徽俗话报》。江水滔滔，兀自奔流。在那样风雨如磐的年代里，陈独秀内心同样激流澎湃，为传播新思想、培养革命力量而奔走、鼓呼。

同为皖江重镇的芜湖，早在唐代就享有"近海鱼盐富，濒淮粟麦饶"的美誉；宋朝以后，随着江南经济的逐步兴盛，芜湖成为长江沿岸、皖南山区和巢湖流域的物资集散中心；明朝设关税制，芜湖被辟为商埠，繁荣有加，"百物翔集"，"市声若潮"，芜湖也因而被称为"长江巨埠，皖之中坚"。鸦片战争后，芜湖被辟为对外通商口岸，并设立了海关，成为长江流域的外贸港口之一。

位于芜湖赭山古塔前的，正是赫赫有名的广济寺，相传是地藏菩萨下榻的开山寺。据说，北宋文学家黄庭坚贬官宣州时，流寓至此，以读书为乐而不去赴任。赭山清幽，苍松挺拔，被誉为"安徽北大"的安徽公学，就坐落于此，陈独秀、黄兴、赵声、苏曼殊、柏文蔚、江彤侯、刘师培、陶成章等，都曾讲学于此，慕名求学的有志青年，也纷纷从大江南北赶来。

风云际会的皖江，像一条神奇的"龙脉"吸纳着人文之胜：中国文房四宝之乡宣城，杏花春雨诗情幽幽的池州，青铜文化发祥地之一的古铜都铜陵，都在此汇集。

皖江文化对外开放，对内融通。追根溯源，不难发现，皖江地区主要是移民地区。17 世纪，桐城派朱书云："吾安庆，古皖国也……神明之奥区，人物之渊薮也。然元以后至今，皖人非古皖人也，强半徙自江西、浙江，其徙自他省会者错焉，土著才十一二耳。"皖江人的先祖多是元、明时期迁自徽州和江西鄱阳的移民。大批移民带来了外来文化，融入本土之后催生了新的生命力，也因此，皖江人的思想观念比较解放，常常得风气之先、领风气之先。

皖江一带是人文艺术的昌盛之地，学风炽热，人才辈出，涌现出大量文化世家，如桐城张氏、方氏、姚氏，宣城梅氏，池州李氏、周氏，铜陵余氏家族，绵延文脉，各领风骚，堪称文化奇观。皖江是诗之江，艺术之水。诞生于潜山的乐府民歌《孔雀东南飞》，是我国古代最长的叙事爱情诗。等到盛唐诗风兴隆，诗人李白出蜀游历皖江多次，留下众多诗篇佳作，更是带动了皖江诗歌的发展，晚唐诗人张籍推动了新乐府运动，池州的杜荀鹤、舒州的曹松，也以诗文润泽着这条河流。及至北宋，梅尧臣成为诗文革新运动的中坚者。近现代以来，作家张恨水，诗人朱湘、海子，书法家邓石如，美学家宗白华和朱光潜，等等，波波相接，耀眼星空。

1790 年的秋天，扬州的安徽盐商江鹤亭，在安庆组织了一个名为"三庆班"的徽戏戏班，进京为乾隆帝八十大寿庆贺。此间，来自全国各地的戏班纷纷进京表演。与"三庆班"一同来京城唱戏的还有"庆升班"，以及后来的"春台班""和春班""四喜班"。这就是著名的"四大徽班进京"。到了嘉庆年间，四大徽班不仅在京城站稳了脚跟，而且取苏班（昆曲）、京班（京腔）和西班（秦腔）而代之。在此之后，京剧横空出世，在中国艺术时空上划出了一道惊艳的闪电。而"三庆班"班主正是潜山人程长庚，他被称为徽班领袖、京剧鼻祖。此外，清音黄梅香飘四方，严凤英、马兰、韩再芬等等黄梅戏演员，更是让动听的黄梅戏传入千家万户。

深入皖江流域的底部，有着惊人的、数量巨大的考古发现：繁昌人字洞，和县猿人化石，含山凌家滩，潜山薛家岗……它们像一片没有尽头的原始森林，见证着异常精彩的文明之源。

不妨对凌家滩做一番探访。含山县凌家滩的所在，是一个安静而平凡的村庄。如果不是考古发掘，并且出土了大量精美的玉器，很难想到这里会有什么惊世骇俗的表现。

凌家滩裕溪河

凌家滩村看似普通，但其地理环境，确实有些特色，这里有着"北玄武、南朱雀"的地望形态，它南临水、北靠山，水指的就是裕溪河，山有不出名的土山和太湖山。太湖山的最高峰海拔580米，它是泰山以南到长江边上最高的山峰，是大别山的余脉，一直延展到和县、南京。山上有太湖寺。

凌家滩村位于神秘莫测的北纬30°附近，坐落在裕溪河中段北岸，裕溪河发源于巢湖，古称"濡须水"，是含山与无为的界河，又是巢湖唯一入江水道，其下游25千米处，即达长江，上游30千米处连通的就是巢湖。在考古专家的眼里，裕溪河就是古人的"高速公路"，它极大地方便了凌家滩先民的出行、运输。而遥感探测表明，1万年前，长江北岸就在太湖山脚下。天气晴朗时，站在太湖山上，可以望见像一条飘带的长江。

5千米长的山冈，像一条长龙匍匐在山水之间，凌家滩村基本上就坐落在这条长岗上。从遥感照片上看，凌家滩遗址像一尊仰身而睡的大佛，头枕太湖山，脚抵裕溪河。考古探测表明，远古时候，这里水草丰茂，生态环境优越。逐水而居的先人，没有理由不选择这一方风水宝地。当时的人们，在太湖山上采集野果、狩猎、伐木，在河里饮水、捕鱼、清洗用具。

耐人寻味的是，中国许多重大考古发现的缘起，竟然多是修路、建房、打井、挖洞、盗墓等。最初，凌家滩遗址的发现，也可以说是一次偶然，但一切偶然，又都是必然的表现。噼里啪啦的那一阵鞭炮声，冥冥之中，似乎就是要催醒凌家滩沉睡的远古文明。

凌家滩的远古世界，静静地被封存了5000多年。很长时间里，没有人知道这里曾有远古的先民刀耕火种，繁衍生息，古文献里也鲜有记录、介绍。直到1985年的一天，凌家滩一位女性村民去世了，鞭炮声中，准备入土为安，而一个精彩绝伦的史前文明遗址，此后渐露端倪。10位村民卖力

凌家滩文化遗址出土的玉人

地在村北的一处乱坟岗挖一个长方形的墓穴，大约挖到 1 米深处，现出了一批光彩夺目的玉器、石器等，但那时人们并不清楚这些东西的价值，据说这些玉石，装了有大半条塑料蛇皮袋。后来，当地文物部门获悉后，及时进行了征集、保护和上报，征集到的文物至今还收藏在含山县文管所，少量流散在民间。而凌家滩古遗址的神秘面纱就此揭开了一角，从此，它在考量中华文明起源的坐标系上占有了重要的一席之地。

凌家滩文化遗址的级别是不断上升的，1987 年 10 月是"县保"，1998 年 5 月被定为"省保"，2001 年，则升级为"国保"。现在的遗址上就树立了三块石碑，分别刻写了"全国重点文物保护单位""安徽省重点文物保护单位""含山县重点文物保护单位"名称，以及凌家滩遗址简介。

在凌家滩遗址上，竖立着一块石碑，上面刻有《凌家滩遗址》碑文。碑文是由香港中文大学教授饶宗颐先生题写的。饶宗颐是一位国学大师，与钱锺书一起被合称为"南饶北钱"。饶宗颐对凌家滩很感兴趣，曾经写过相关分析文章。

在早晨，若站在凌家滩祭坛的位置，向东望去，就可以很清楚地看见太阳升起，同时可以俯览凌家滩先民居住区。而从居住区向北仰视，古人的墓地、祭坛正好与天地连成一线。

当地村民们介绍，凌家滩原来的村庄，比现在更靠近裕溪河，基本上就是在圩区里，1954 年发大水后，村子才迁移到山冈上的。这是一个自然村，现住有 120 多户 600 多人。贯通凌家滩村的，是一条南北向的乡间土路，这条路南通运漕镇、无为县，北可达太湖山，以及含山县城。在村南的裕溪河上，坐落有一座凌家滩大桥，站在大桥上，极目远眺，河水汤汤，强劲的风，呼啦啦地吹着。村民们说，当初建造凌家滩大桥时，桥墩地基挖有 8 米深，竟挖出了红陶片，20 世纪 60 年代圩区建电站时，下面也挖出了红烧土。离凌家滩大桥不远，有一个国家粮库，村民说是 50 年代建的，不知道当年盖房时有没有挖到什么东西。

裕溪河宽约 100 米，上面曾有一座名为永龙的古桥，50 米宽，但在"文化大革命"中倒了，70 年代在桥址上建了大闸。在这一带，有的村民曾见过不少石器、玉器、陶片。当时挖河、犁田也时常看到这些东西，人们就顺手扔到岗子上。由于之前的不被认知,凌家滩的遗址多多少少遭遇过破坏,那些埋在祭坛上的明清或近现代墓葬,都对古遗址有过"侵犯"。

有人说,第一件石器的产生,就是人与猿的分水岭所在。因为从那时起,人便开始了属于自己的"长征"。一路走来,一路留下数不清的印迹。而在中国的土地上,玉石似乎成了人们须臾不可分的伴侣。考古表明,中国在青铜器时代、铁器时代之前的新石器时代晚期,存在着一个以大量使用玉器为主的时期,为中华文明的起源时代,或称"玉器时代"。

古人认为:"玉,石之美者。"玉器从石器中脱颖而出,成为财富与权力的象征,寄寓着先民的原始精神信仰。从整体上看,在新石器晚期,玉器大放异彩,蔚为壮观,其使用地区北起辽河流域,南至珠江流域,濒东南沿海广大地区,呈半月形分布。非常具有代表性的,是东北地区的红山文化玉器,华东地区的良渚文化玉器和凌家滩文化玉器,以及受这两地文化影响,但又有自身特色的黄河流域地区的龙山文化玉器。这当中,凌家滩时期被一些专家认为是中华玉文化史上第一个高峰期。他们认为,凌家滩的玉器,脱离了装饰性功能,主要扮演着礼器的角色,级别很高。

根据考古发掘情况,一些专家认为凌家滩文化的存在不是一个偶然现象。在他们看来,从"和县猿人"到"巢县智人",从"有巢氏"到"凌家滩",是有内在脉络的。那么,凌家滩这一带,也是中华人类起源发祥地的重点区域之一。

尽管有了惊人的发现,但今天的人们对这处史前文明遗址的认知还是非常有限。关于凌家滩的方方面面,还需要不断发现、思考和总结。对于凌家滩的关注,其实是对我们自身的关注。今天的人们越来越坚信,中华文明是多源头的。铜陵的铜官山、南陵的大工山,这些都是已经发现的规模宏大、采冶历史悠久的古铜矿遗址,在繁昌,在青阳,类似发现还有不少。而这充分证明了青铜文化不仅仅为黄河文明所独有。

皖江,是天赐安徽的黄金水道。如今,奇瑞、江淮、马钢、海螺水泥、铜陵有色、安庆石化等一个个品牌企业,从长江之滨,走向了全国乃至世界。无为、枞阳、桐城等地个体私营经济发展,令人瞩目。

2010年1月21日,国务院正式批复《皖江城市带承接产业转移示范区规划》，安徽沿江城市带承接产业转移示范区建设被纳入国家发展战略。示范区涵盖合肥、马鞍山、芜湖、铜陵、安庆、池州、宣城、滁州、巢湖 9 个城市，总面积 5.6 万平方千米，占安徽总面积的 40.3%。沸腾的皖江城市带，宛若一串镶嵌在长江岸边的璀璨明珠，正成为安徽乃至中部地区昂首崛起的新脊梁、全国区域经济版图上的新坐标。

三、澄江如练：新安江

　　一脉江水缓缓而流，流出楚楚动人的江南来。烟雨迷蒙中，新安江上驶过一只只木船，两岸风景不断地变换着。粉墙黛瓦的民居，湿漉漉的青石板路，一座座大大小小的石桥，随着船的前行而后退得越来越远。那些木船，在这条河流里不知行驶了多少年，使这条纯粹自然的河流，得到了文化意义上的生命。

风景如画的新安江

青山绿水中的木船，远行的徽州人，如同一段久远的往事，让人感慨而出神。当初，一个个徽商就这样别妻离子，斜背着雨伞，深一脚浅一脚地走向了深山外的大千世界。

当年的徽商外出经商最主要的路线，是从徽州到江浙。而通往山外的路径主要有两条：一条就是走水路，沿着新安江到浙江建德、淳安，然后去往杭州，再转向苏州、上海等地；一条就是走陆路了，也就是有名的"徽杭古道"。由此可见，新安江是徽商的黄金通道，是连通杭州、苏州、扬州这些"人间天堂"的纽带。

休宁万安老街

休宁万安，新安江上游，横江边的一个古镇，是去往齐云山、西递和宏村的必经之地。万安古镇建于隋朝末年，在明清鼎盛时期，属于休宁九大街市之首，享有"小小休宁城，大大万安街"的誉称。万安至今保存有古桥、古码头、古塔、陶行知启蒙馆、还古书院等古遗迹，万安罗盘更是远近闻名，并被列入首批国家非物质文化遗产名录。罗盘又称罗盘针和罗经，古代广泛用于航海、勘察、探险、旅行、军事等领域，用来测定方位。英国的李约瑟博士指出，中国四大发明之一的罗盘针（指南针），在北宋时期被用于航海之

休宁六股尖

前，竟是长期被风水先生用来测试风水的一种仪器。而明清之际，在江南乃至全国，拿着休宁罗盘神秘兮兮看风水的，不少是徽州人。

17岁的陶行知，从万安古镇负笈到杭州学医，他从万安涨山铺的外婆家走出来。陶行知的外公、外婆曾住在万安的涨山铺，陶行知7岁到14岁时，一直在这里读书。万安的水蓝桥，虽无雕饰，但就是这样平平常常的一座石桥，见证了陶行知出发的身影。那一年，陶行知走下水蓝桥，回身张望了一下不断挥手的父亲，独自一人迈过桥下的水埠，登上了扬帆的船只。刻苦求学的他，日后成为一位伟大的平民教育家。

新安江，一条温柔而清奇的河流。它的每一个支流，每一个弯道，每一片沙滩，每一座桥梁，都留下了徽州人的印迹和故事。"问渠那得清如许，为有源头活水来"，新安江的源头正是一个清凉的世界。它源出休宁县海拔1600多米的怀玉山主峰六股尖，涓涓山泉，条条飞瀑，从崇山峻岭中流出，汇成率水，在屯溪与源于黟县的横江汇合，经歙县街口，切穿天目山脉，注入新安江水库，最终在激起一片钱塘浪潮后，奔入大海。新安江又称徽港，是钱塘江的正源，因为徽州古称新安，所以这条河流被称为新安江。新安江干流长 373 千米，流域面积达 1.1 万平方千米；安徽省内干流长约 240 千米。

作为安徽省三大水系之一，千回百转的新安江，将现在的黄山市下辖的黄山、屯溪、徽州三区以及歙县、休宁、黟县和祁门四县揽在怀中，逶迤而行，一路吸纳了 600 多条大大小小的支流。新安江流域内有两处世界文化与自然遗产和多个国家级风景名胜区，是安徽省最重要的旅游区，也是中国东南部一条"黄金旅游线"。新安江流域所涵盖的地区，是古徽州的核心区域。新安江是一条母亲河，它所孕育出的徽商，是中国历史上最富影响力的商帮之一。就河流长度和流域面积而言，新安江比不得淮河与长江，但它所具有的文化含量却并不逊色。新安江沿岸有着众多的自然景观与人文景观，峰峦俊秀，村落古朴，古桥、古塔、宗祠等古建筑星罗棋布。作为古时的一条黄金水道，新安江蜿蜒穿行于山林古村之中，为社会、经济、文化的发展提供了极大的便利。而徽州在文学、艺术、医学、建筑等众多领域涌现出了一大批杰出的人才，形成了以"新安画派""新安理学""新安医学""徽派建筑""徽州戏曲""徽菜"等为代表的光辉灿烂的徽州文化。

新安江流域绩溪风光

　　新安江的重要支流之一，绩溪东部的登源河，被宋代诗人杨万里写进《新安江水自绩溪发源》："金陵江水只咸腥，敢望新安江水清。……泉从山骨无泥气，玉漱花汀作佩声。"杨万里误将登源河当作新安江的源头，其实登源河只是新安江的支流之一，新安江真正的源头是在休宁的六股尖。登源河全长约55千米，是绩溪境内的第一大河，发源于徽杭古道江南第一关里的逍遥谷，流经伏岭村、北村、龙川、瀛洲、仁里、湖里、中王、周坑等20多个大小村庄，这些村庄要么建在半山腰，要么临溪而立，或者是百十户聚族而居。缠绕着这些古村落的登源河，最终流到临溪镇出口，汇入扬之水，而扬之水正是新安江的一大支流。登源地处黄山山脉与天目山山脉的接合部，登源河流域拥有徽杭古道三处、江南第一关、国家级自然生态保护区清凉峰、国家5A级风景区龙川、4A级风景区障山大峡谷、全国文保单位胡氏宗祠、奕世尚书坊，以及百丈岩、伟人石、七姑山、龙须山等众多美景，沿途涌现邵、章、胡、汪、方、程等名族大姓，而且名人辈出，代有人才。

屯溪老大桥

　　在横江和率水汇合的屯溪，古老的屯溪大桥，固若金汤，桥下河水汤汤，这是徽州有名的一景。屯溪大桥，始建于明嘉靖年间，距今已有470多年的历史了。大桥为六墩七孔石拱桥，长133米，宽6米，高10米，桥孔跨度13～15米不等，大桥旧时为进出屯溪的门户，现为通往机场、西郊和江西婺源的重要通道。屯溪大桥边有一面石壁，上面镌刻着节选的朱彝尊的《屯溪桥记》，这篇文章记述了古桥的由来。在水边的台基上，立有一块碑，上面镌刻着郁达夫来屯溪时所写的一首诗："新安江水碧悠悠，两岸人家散若舟。几夜屯溪桥下梦，断肠春色似扬州。"1934年4月，风流才子郁达夫白天在徽州游山玩水，夜里则宿于屯溪老桥下的船舱中。他大概由徽州的山水美景，想到了杜牧笔下的扬州，想到了二十四桥的明月，以及桥上教吹箫的玉人。

　　位于新安江上游、丰乐河畔的歙县西溪南村，是徽州名气非常大的一个村落，也是徽州曾经最富庶的村落之一。西溪南人经商由来已久，明代中叶达到鼎盛时期。那时候，吴氏家族在扬州从事盐业，在金陵开设典当铺，又在运河沿线从事米布贸易，财力日益丰厚。于是，许多吴氏族人将财富转移回故里西溪南村。唐伯虎、祝枝山、汪道昆、董其昌、石涛、渐江等历史文化名人，都曾来这里游览或者居住。而清代乾隆皇帝珍藏在"三希堂"中的《快雪时晴帖》和《伯远帖》，都出自这个古村落的吴氏家藏。更让人称奇的是，这里曾经建有40多座私家园林，其中最有名的"十二楼"以及园林主人吴氏，甚至被认为是《金瓶梅》的原型所在。不过，当年"十二楼"的设计，竟然连唐伯虎、祝枝山都有参与，而且汪道昆还专门撰写了《十二楼记》。

　　西溪南村背倚凤形山，北临丰乐水，河上有一座10多个孔的明代石拱桥，桥两边挂满了绿色的藤蔓。当年慕名来访的大书画家董其昌，就是从这座石桥上走过的。他径直往西溪南村的"余清斋"主人吴廷家走去，吴廷虽然是一位徽州的富商，但好书画收藏，精于鉴赏。董其昌是去欣赏吴廷的宝藏的。不仅仅是董其昌，陈继儒、杨明时、吴国逊等名流都是吴家的座上宾。西溪南村吴氏一族，宋有学者吴自牧，元有诗人吴鼎新，明有学者吴海、诗人吴可封、徽商吴养春，清有学者吴元满、诗人吴崎、书法家吴又和、篆刻家吴凤等等。西溪南村至今还保存着国家级文保单位"绿绕厅"与"老屋阁",以及汪道昆故居"钓雪园"和大盐商吴天行的后花园"果园"。出于对文化的钟情和对自然美景的迷恋,徽州人无论置身异地,还是回归故土,都很注意自身生活环境的营造与维护。徜徉在温婉的山水故园里,呈现出了精美而风雅的文化生活。

全国重点文物保护单位——西溪南村绿绕亭

一座座桥,就是一个个故事,一道道风景。春天的新安江,美丽如画。隐隐的青山透着桃花艳红的颜色,渺渺春水淡雅欲笑,繁华绿树又掩映着春水,使稠湿的花气承天接地。春天,无论在哪里都是好的,但是皖南的春天实在是波纹如绫,温风如酒,明媚照人。站在岸边,人们会禁不住发出感叹之声:太美了!歙县县城一带的新安江,被称为练江,它是富资、布射、丰乐、扬之四水交汇后形成的。练江又名徽溪,平日里娴静如村姑,可是一遇到山洪暴发,便如猛兽下山一样狂野,势不可当。在这样的情形下,人们往来两岸,依靠摆船渡江已经不可能了,于是只有凭借桥梁了。从前所建的桥,大多是木结构的,经洪水一冲击,不是木桥被冲垮,就是所铺的木板随水漂流而去。面对山洪暴发后江水也随之暴涨的情形,那时沿江两岸的人们常常无计可施。不过,这最终难不倒久经考验的山民。准确地说,是在明代,徽州各地开始"垒石建桥，以求坚固"，这也是就地取材，因地制宜，毕竟徽州各种石料比比皆是。

练江全长仅 6.5 千米的江面，负载了 9 座古桥。其中著名的要属建于明朝的太平桥、万年桥和紫阳桥了，三座桥又合称"古歙三桥"，如长虹卧波一样，横跨在练江之上。古歙三桥中名气最大的，要算太平桥，过去它是婺源、祁门、黟县、休宁等县进入徽州府治歙县的必经之桥，在今天，也是要津之处，三条公路干线交会于此：往东北通向长江边的商业重埠芜湖，向东南抵达美丽的杭州，向西通到瓷都景德镇，而经由岩寺往北，就是名闻天下的黄山了。

太平桥主要选用优质茶园石，并用糯米汁拌石灰砌筑而成，施工精细，其承载能力和使用寿命，居安徽全省古桥之冠。该桥修建于明弘治年间，此后屡有维修，是安徽省境内现存的最长的石拱古桥，全长 268 米，宽 7.1 米，高 13 米，有 16 个桥孔。桥的中心原先有桥亭，亭内供奉有佛像，桥两边有碑记，凡是在历次石桥维修中捐款的，他们的姓名都被刻在了石碑上。新中国成立以后，为了便于通车，就将桥亭和碑记拆除了。1969 年 7 月徽州发生特大洪水，练江水位高出太平桥的桥面 3.4 米，全桥被淹，沿岸许多房屋倒塌，而太平桥除了栏杆、桥面等被冲毁外，基本无损。当年的 8 月，安徽省有关部门对该桥进行加固维修，桥面改成钢筋混凝土结构，同时用"悬挑"加筑两侧人行道，架装栅栏。

在民间，石拱桥的桥孔绝大多数是单数的，为什么太平桥是双数的呢？原来，在太平桥所在的地方，曾有座木浮桥，始建于宋端平元年（1234），由徽州郡守刘炳所建造，这座名为"庆丰桥"的木浮桥，不是毁于战乱，就是被洪水冲坏了。明弘治年间，这里建起了石拱桥。相传，发起建造这座石桥的，是位年轻丧偶的妇女，她的丈夫外出做生意时，不幸和木浮桥一起被洪水冲走了，她暗下决心，要积攒起钱财建造一座石桥，但是，个人的力量还是太小了，在临终弥留之际，她将自己一辈子的积蓄拿了出来，请求官府能在这里建一座稳固的石桥。她的义举和精神感动了城里的百姓，大家纷纷集资出力，终于建成了这座太平桥，又叫寡妇桥。为了反映石桥发起人生前对乡亲们"成双成对，白头偕老"的良好祝愿，这座桥也就被建成了双数字的石拱桥。这位不幸的女人，似乎也是通过修桥助人渡河的善行，来超脱苦难。

人生如渡桥，世事如渡桥。桥，有着许多的象征意味。且不管这个感人的故事是否为真，在历史的长河中，桥的的确确关系到人们的日常生活、生命历程，关乎爱情、事业、理想，等等。桥的一端，也许是愁苦缠身的现实窘境，另一端系着人们对幸福美满生活的向往和追求。可以说吧，走太平桥，过太平日子，是古往今来人们的共同心愿。或许，这也就是桥名所寄寓的意思。

太平桥下，太白楼的南首，河水流经太平桥一段，地势渐低，流速加快，增加了冲刷力，造成占河床宽度的 1/3、向西倾斜、坡面数丈的浅水滩。滩上水流湍急，一些碎石沙砾均被冲走，剩下的尽是些较大的鹅卵石，水流至此，激起粼粼起伏的波浪。每当夜幕降临、皓月当空的时候，侧映在滩上的月亮，随着波浪的震荡，成了几块虚线形的碎月。

公元 744 年，李白初游新安。那一年，来歙县寻访隐士许宣平的李白，在此浅滩放舟，饮酒赏月，他朗声吟道："卉木划断云，高峰顶参雪。槛外一条溪，几回流碎月。"一如诗人所见，"槛外一条溪"的地方，正是丰乐、富资、布射、扬之四水汇合处的新安江，风光美好，白沙成滩，水静如练。有意思的是，后人还根据李白的诗句命名此处为"碎月滩"。

歙县紫阳桥

　　练江之水缓缓地从太平桥经过，流淌了两三里路，便到了惊涛拍岸的渔梁坝。古歙三桥中的另一座石桥——高大、宽阔的紫阳桥，就横跨在渔梁坝下游。紫阳桥始建于明万历年间，清末时进行了重修。美丽的紫阳山下，这座九孔古石桥，横跨练江，如长虹卧波。紫阳桥原名"寿民桥"。由于桥在紫阳山下，后人于是又称寿民桥为"紫阳桥"。

　　紫阳桥桥身全长140米，八墩九孔，宽10米，高却有14米，是目前安徽境内最高的古石桥。紫阳桥头有新安关亭，从府城延伸的徽商古道穿亭而过，这就是有名的"新安第一关"，歙县、休宁、绩溪、黟县等地的商旅走卒，不少都是从这条古道下杭州闯荡世界的。新安关建于明嘉靖年间，明清时期的徽商通过了这一关，还要闯过后面更多的关隘。

　　紫阳桥一带风景优美，尤其是清晨，雾气飘逸着穿过桥洞，笼罩在古坝水埠的渔船上，好似片片白帆。紫阳桥的北端建在山崖上，崖壁陡峭，气势雄伟；桥南头，为紫阳山支脉龙井山，山上有禹王台旧址。朱熹的父亲朱松，曾在桥南这里结庐而居。朱松寓福建尤溪之后，对紫阳山仍念念不忘，并刻"紫阳书堂"印章，以表达自己对徽州故乡"未尝一日而忘归"的思念之情。朱熹为此专门作《名堂室记》以记之。紫阳山后来逐渐变为人们纪念朱熹的一个人文胜境。朱熹又名朱紫阳，其典即出于此。当年的朱熹从福建回来省亲，也在这里居住过。每天旭日未出时，紫气弥漫，山光朦胧，群峰默然对峙着，不远处，水声訇然。这一带，算是歙县县城边最好的地方了。明代程嘉燧有诗描绘道："禹庙渔梁口，浮舟落日过。瀑声冲峻壁，经影漾层河。楼煤青山廓，律亭锦树彼……"

　　由于紫阳桥涵洞宽、桥身高大，船只一般可以不落风帆地畅游而过。清乾隆年间的诗人黄仲则，有一回来歙县游玩，返回那天，正是"七夕"节，友人送他到紫阳桥上时，一场大雨不期而至，躲在紫阳桥下避雨的他，还即兴作了一首诗，诗中写道："天上团团，人间离别，一般徒依长桥。"

　　如今，站在高耸的紫阳桥上，向西北望去，但见滨江而建的古镇渔梁，屋楼瓦舍，鳞次栉比，烟树葱茏之间，尽显无限婉约意境。歙县在明清时期是徽州府所在地，徽州与杭州、南京、上海等外界的联系依赖新安江这条唯一的黄金水道。渔梁古镇因紧靠新安江应运而生，成为当时徽州最繁华的水运商埠。曾经辉煌一时的徽州商人抵钱塘、下扬州都要从这里起步。渔梁老街蜿蜒千米，青砖灰瓦，古风犹存，是典型的徽派民居布局，窄窄的青石板路通往河边，拾级而下，便可下到渔梁坝。坝上碧波如镜，坝下飞珠溅玉，蔚为壮观。

渔梁坝，是一处有名的古建筑了，它位于歙县城南1000米处的练江中，是新安江上游最古老、规模最大的古代拦河坝。新安江支流——练江像一条玉带绕府城而过，为了当时府城的风水和保持城区的地下水位，人们在城南三里的练江水面上"绝流为梁，储水为渊"，开始了"渔梁坝"的设计。据考证，早在唐宋时期，人们就在此垒石为坝，现存的古坝为明代重建。渔梁坝横截练江，使坝上水势平坦，坝下激流奔腾。坝南端依龙井山，北端接渔梁古镇老街。古建专家郑孝燮在考察渔梁坝后认为："渔梁坝的设计、建设和功能发挥，可与横卧岷江的都江堰相媲美。"

渔梁坝的坝长138米，底宽27米，全部用青色的条石垒砌而成，每块石头重达吨余。它们垒砌的建筑方法科学、巧妙，每垒十块青石，均立一根石柱，上下层之间用坚石墩如钉插入，这种石质的插钉称为稳钉，也称元宝钉。这样一来，上下层如穿了石锁，互相衔接，极为牢固。每一层各条石之间，又用燕尾形石锁连锁，上下左右连为一体，构筑成了跨江而卧的坚实的渔梁坝。渔梁坝惠及一方，恩泽后世，可蓄上游之水，缓坝下之流。无论灌溉、行舟、放筏、抗洪，渔梁坝都可兼而利用。坝中间有开水门，用于排水。3个水门从北至南渐次低落。在常年大部分时间的正常水位，流水只从最南端的低水门流过。北端和中部的两道水门，则保证练江在高水位时，仍具有较大的泄水能力，并能定期冲刷掉一部分因江面在此转折而留下的淤积泥沙。

当年为了保护坝体，不允许船只从坝上通过，所以上游来的船只到了渔梁坝就是终点，想去下游必须从这里转船。于是，徽商把从上游运来的货物在此卸下，再转到坝下的船上，因而短短200米的河岸边就有了七八个码头。作为货物集散转运枢纽的渔梁，也就成了繁华之地。据记载，渔梁坝下在宋代就形成的龙船坞，最多时能停靠300多艘运输船。而明清渔梁古镇最繁华时，盐、典、茶、木、米、布等28种店铺就有100多家。沿街的这些店铺大多为上下两层，临江一边有多条巷弄铺石阶直通渔梁坝。如今，青石板已变成黑色的了，那是一种岁月的底色。历经岁月沧桑和历史磨砺的古镇民居，也处处展示出一种古朴苍凉之美。置身于今天的渔梁老街上，感受着时空的变化，也让人不由自主地遐想着那些走进历史深处的身影。行走在渔梁老街上，不时见三两人家，人们坐在屋檐下，神态悠闲。徽州旧有八景，"渔梁送别"即是一景。它反映的是徽州人外出谋生依依惜别的场面。"十三四岁，往外一丢"，从小就外出闯荡的徽州人，经过数代的积累，最终创造了一个神奇而辉煌的中国商帮。

新安江源头的茶厂

渔梁老街上有一幢比较特别的古建筑，名叫崇报祠。众所周知，古时的徽州是宗族社会，百姓聚族而居，族则有谱，村则有祠，祭祖的宗族祠堂遍建于徽州城乡。但这座崇报祠却不是宗族祭祖的祠堂，而是一座专为纪念历代修建渔梁坝有功的官宦乡绅而设的专祠，也叫"坝祠"。其建筑结构和宗族祠堂相近，三开两进，享堂上摆放有修坝的先贤塑像。和这座崇报祠功能相近的还有渔梁街西端的忠护庙，庙宇八字门，马头墙，青砖牌坊门楼，篆"敕封忠护庙"额，单层两进三楹，享堂上塑着英俊的红衣少年塑像。这是为纪念隋唐年间徽州"汪公大帝"汪华的第九个儿子"九相公"汪献而建的。

在渔梁街码头附近的徽商古道边，有一座三角形的小亭子，飞檐翘角，临江而立，亭边立有一块石碑，上书"太白问津处"。在此附近，有一座小巧玲珑的"望仙桥"，桥上有石栏供行人歇息，桥下溪水潺潺，鸭戏水间。这两处古迹均与"诗仙"李白有关。

据记载，唐睿宗景云年间，高士许宣平隐居在紫阳山附近，其人才情横溢，嗜酒异常。他的脸色像四十来岁的人，走起路来像奔跑的马。许宣平有时挑点柴火进城去卖，担上挂着酒葫芦和拄杖。卖了柴后，痛饮一番，并吟道："负薪朝出卖，沽酒日西归。借问家何处？穿云入翠微。"许宣平虽然隐居山中不问世事，但总是相助艰危疾苦的人，因而声誉很高。然而，当人们想寻访和感谢他时，却又见不到他。当时，许多人都在诵读他的诗，他的诗在长安盛行一时。而在官道上，从洛阳到同华之间的传舍里，到处也都题有他的诗。天宝年间，李白从翰林院出来，向东游历路过传舍，看了他的诗之后，感叹地说："这是神仙的诗啊！"于是，李白就向别人打听到底是谁写的诗，并且知道了许宣平的一点情况。

当大诗人李白千里迢迢，翻山渡水，慕名来歙县寻访许宣平，一路问到渔梁街前的练江边，见江上有一只破船，船上一老翁神姿潇洒，仪态飘逸，李白忙问老者："请问许宣平家住何处？"老翁听了略微一笑，吟诗两句："门前一竹竿，便是许翁家。"李白听了，点头往前走。走了一会儿，忽然悟知：门前一竹竿，这不是老翁船头插立的一竿竹篙吗？老翁就是许仙人啊！他立即回头，走到刚才问话的地方，但船和老翁都不见了踪影。李白千里寻仙，竟失之交臂，不免有些怅然，于是在江北岸问津处一面茅庵壁上题道："我吟传舍诗，来访真人居。烟岭迷高迹，云林隔太虚，窥庭但萧索，倚杖空踌躇。应化辽天鹤，归当千岁余。"李白题完诗，不无懊悔地来到练江北岸，复上新安古道。在渔梁与新安关之间，有一座单孔石桥，李白在此恋恋不舍地隔江遥望。因为这里是李白回首望仙处，石桥便被后人命名为"望仙桥"。后来，大书法家颜真卿听闻此事，亲自题写了"太白问津处"石碑。人们又在此处建起了"太白问津亭"，并且不断地修缮保护着这座"望仙桥"。

歙县的万年桥，位于扬之、布射、富资三水汇合处，在从前的日子里，它是通往太平，抵达省府安庆的交通要道，如今仍是往来于歙县北乡的必由之路。桥东端原来有一块石碑坊，上面就刻着"北钥云龙""道岸津梁"的题额，可惜毁于清乾隆年间。

当年取名万年桥，大概就是希望这座桥万年永固的意思。桥建成于明万历元年（1573），桥长150米，高10米，建有9孔。桥落成时，明代兵部左侍郎、歙县人汪道昆，曾赋诗一首："使君遗泽五溪东，驱石桥成利涉功，地踞金汤三辅郡，天回砥柱万年同。参差石势疑乌鹊，缥缈江流见白虹。亭上至今留醉处，莲花面面似山公。"汪道昆以诗记修桥之事并感念其功德。大桥全部采用大青石建成，石质优良，工艺考究，至今保存完好。

黟县屏山村是著名电影演员舒绣文的故里。从黟县屏山村流过的吉阳溪，是横江的另一条支流，吉阳溪从村中流过，呈现出"S"形，村落散落在溪水的两边。明代成化年间，为了方便溪流两岸住户往来，村民就在溪流上建起了8座石拱桥，俗称"长宁八桥"。屏山村水边的石阶不时传来村妇浣洗的棒槌声，各具特色的石桥横跨溪上。这样的情景，真是名副其实的"小桥流水人家"。徽州的古村落就是这样：面水人家，临水人家，跨水人家，与桥，与白墙，与灰瓦，与精雕细琢的窗棂，与缕缕的炊烟，与浮动的光影，与空旷的青灰色，连在一起，融为自然和谐的画面。

山清水秀的新安江

　　新安江被誉为江南山水画廊。唐代诗人孟浩然称赞道："湖经洞庭阔，江入新安清。"李白游览后这样描述："清溪清我心，水色异诸水。借问新安江，见底何如此？人行明镜中，鸟度屏风里。"新安江的江水，一年四季澄碧如洗，夹江两岸，群山叠嶂，飞瀑流泉。山水之间，还坐落着无数的古村落、古民居，以及众多的古迹景点。新安江又像一位能工巧匠，利用自然条件，雕琢出了深潭浅滩、峰峦叠嶂，并巧妙地将自然景色与人文胜景绘于纸上，形成了巨幅的山水画卷。

　　观赏新安江这幅画卷的起点，最好是从歙县与屯溪区交界的王村开始，因为这里是新安江激流险滩与平波碧湖的分界线。当练江自屯溪大桥下横江与率水合流起，至歙县浦口与练江汇合后，往下就被称为新安江了。岑山渡，位于歙县城南约5000米处的一个小山村，就在练江的左岸，离浦口也差不多5000米。清代，一支驰骋两淮的徽州盐商劲旅"程家军"，如程晋芳等人，就出自岑山渡。

　　岑山渡附近的雄村，是清代曹文埴、曹振镛父子尚书的故里，这是徽州一个非常有名的村落，在长达上千年的历史中，一直人才辈出。每年的春天，这里的桃花怒放，一片姹紫嫣红，将竹山书院和文昌阁衬托得更为古朴雅致，一派世外桃源的样子。

　　从雄村桃花坝乘船，沿着新安江下行不到数里，但见一个突兀江中的小岛。这就是位于岑山渡、航埠头、柘林三村交会处的岑山，孤立江中，独劈江流，激起无数浪花，很是壮观。徽州历史文化名人许承尧说，岑山就像是一只"大元鼋兀立江中"。岑山，不仅是新安江上游的第一座岛屿，还曾是历史上的佛门圣地，人称"小南海"。当年香火鼎盛时，许多徽州女人都来这里烧香请愿，祈祷远行的亲人平安发财。只是，今天的岛上建筑已荡然无存。唯有怪石峥嵘，古树参天。

　　元代隐士郑玉，曾在岑山隐逸读书、悠然垂钓，他还写有《岑山》一诗盛赞这里的景色："巉岩出尘世，孤立泛层波。树色连溪色，樵歌和棹歌。水流分夹屿，岗断起重坡。仿佛蓬莱境，真诚跨鹤过。"

　　在东岸的岗崖上，今天还能看到"郑公钓台"四字篆刻；西岸河滩平阔，村舍隐现。

"深潭与浅滩，万转出新安。"新安江在流经歙县古城 10 多千米处后，划了一个半圆穿进了深山幽谷，并依次冲积成三个大面积的深水潭，这就是漳潭、绵潭、瀹潭三个相邻的大潭。从岑山继续往下行走，就可以看到三潭了。这一带江面越来越开阔，枇杷林立，素负盛名的"三潭枇杷"就产自这一带。这里是全国枇杷五大产区之一，被誉为"中国枇杷之乡"。"天上王母蟠桃，人间三潭枇杷"，每年的 5 月，三潭群山上，黄澄澄的枇杷挂满树枝，如缀金星。枇杷树的经济价值很高，花是上等蜜源，枇杷蜜是蜜中珍品。果、叶均可入药，制成枇杷膏、枇杷露，是止咳良药。三潭枇杷的味道，不仅让徽州人留恋，也让来这里的游客满嘴生津。三潭枇杷是山河之间精华的一种化身，更像天赐的尤物。在三潭这样的自然胜境，没有这样的鲜美果实仿佛说不过去似的。

三潭之一的漳潭，这里有个古村落，居住的是张姓人家，据说是汉代张良的后裔。村里有一棵上千年的古樟树，相传就是张良手植的，枝叶蜿蜒舒展，气势壮观，主干更是粗壮，要 10 多人才能合抱。

一条河的魅力，不仅仅在于它的四季表情，还在于它的宽阔胸怀。它既是沉静的，也是热烈的；它既是苍老的，也是活泼年轻的。它的内涵，它的历史，它的未来，它的一切的一切，最终是在奔流不息中创造和积累的。岸边，无论是村庄，还是码头，它们所依赖和维系的水源，基本上就是新安江。新安江是徽州的母亲河，是江南画境的绘者。

深渡镇，是新安江与昌源河交汇处最大的水陆码头了。有人这样形容，深度镇是新安江的缆桩，从深渡镇解缆踏上浩渺的水面，便进入了新安江百里山水画廊。不过，从 1958 年起，新安江下游水库大坝建成后，这里就不再通航了。即便是承载再多徽商历史的码头，也跌入了寂寞的深渊。据说，当年徽州人离开深渡，比较忌讳带两样东西，一是茴香，茴香即"回乡"的谐音，在外不能出人头地，哪有脸面回故里呢？另一件东西，就是萝卜，萝卜是"落泊"的谐音，身在异乡为异客，当然怕落泊并且碌碌无为了。

新安江穿山过谷，一路奔流到新安江水库，变得更为幽深了。当新安江水库水位在 108 米的时候，面积达 3 亩以上的岛屿就有 1078 个，所以又称新安江水库为千岛湖。新安江水库是因 1959 年我国建造的第一座自行设计、自

新安江远景

造设备的大型水力发电站——新安江水力发电站而拦坝蓄水形成的人工湖，与加拿大渥太华金斯顿千岛湖、湖北黄石阳新仙岛湖并称为"世界三大千岛湖"。

盈盈一水间。曾经的帆影竹筏，还有那长长的竹篙，在新安江的肌肤上划过或深或浅的痕迹；曾经的徽商，渐行渐远。在广义上，新安江所具有的内涵，自然超出了水道的本身，它所代表的是一种开放的气派和格局，是一种走向海洋、走向现代的文明启示。在今天，对于新安江这样的一条河流，一条负载着经济、文化和历史意义的河流，人们自然有着多重解读。也许时间过得更久一些，这条河流乃至更多河流的本身意义，以及人类所赋予它的意义，会沉淀得更为深厚，也更为清晰。

四、归不看岳：黄山

　　一座山有一座山的高度，一座山有一座山的故事。美到无法形容的黄山，于人间，仿佛就是极品，就是一个神话，一种梦幻之境。而它偏偏就坐落在了安徽，这是天工开物时对安徽的格外眷顾，还是安徽这片土地本身具有的魔力使然？没有人能说明白这当中的奥义。安徽人到哪里也都免不了向别人"炫耀"：我们那里有黄山。言下之意不用说——"天下第一山"就在安徽。这种地域的荣耀感着实可爱，它流露的其实是中国人骨子里的故园情结。

　　黄山是安徽的黄山，也是天下人的黄山。黄山的美，是天然的，是居高的，是空前绝后的，它散发着美的光辉，就像太阳一样高高地俯瞰着人间。于黄山本身而言，一切文字也都是多余的。黄山是浑然天成的一幅美丽画卷，也是超凡脱俗的人间奇景。在它的面前，人类只能生出感慨。它的美，让一切赋予它的意义都显得牵强附会。

　　从地理角度来观察，北纬30°线是条虚拟的曲线，却是地球上最瑰丽斑斓的风景线、最神秘莫测的地带。黄山，以及世界最高峰珠穆朗玛、最深海沟马里亚纳就分布于这一带；古埃及金字塔、玛雅文明遗址、约旦死海、百慕大三角、超乎想象的三星堆文化以及世界几大宗教的发祥地等等，也都在此汇集。

　　"三山五岳"是一句很有名的成语。其中的"三山"，就包括黄山。在古代的传说中，"三山"被认为是神仙居住的地方，格外受到古人的向往。《史记》记载："齐人徐福等上书，言海中有三神山，名曰蓬莱、方丈、瀛洲。"

自此,"三山"的名字,便在古代小说、戏曲和笔记中经常出现。不过它毕竟是传说中的仙山。后人为了延续三山五岳的美丽神话,就在五岳之外的名山中间选择了新的三山,广为流传的便是:安徽的黄山、江西的庐山和浙江的雁荡山。至于五岳,是远古山神崇拜、五行观念和帝王封禅相结合的产物。它们以中原为中心,按东西南北中方位命名,东岳泰山、西岳华山、北岳恒山、中岳嵩山、南岳衡山,各具特色。

有学者认为,东西中三岳都位于黄河岸边,因为黄河是

黄山奇峰

中华民族的摇篮,是华夏祖先最早定居的地方。而三山处于南方,相对于中原稍远,继五岳之后成名,反映了华夏民族的南向扩展和中原文化的传播。

三山五岳在中国虽不是最高的山,但都高耸在平原或盆地之上,这样一来也就显得格外险峻。中华名山不但成为中华民族发展的见证,自身也融入其中不可分割,被中国人长期视为家园的重要组成部分。这就是名山的魅力。

黄山自古都不乏赞颂的诗词文章。五岳一直被称作华夏名山的象征,有人曾声震寰宇地宣称:"五岳归来不看山。"而雄伟奇特的黄山,让明代的旅行家徐霞客不胜感慨:"薄海内外,无如徽之黄山。登黄山,天下无山,观止矣!"明万历四十四年(1616)二月,而立之年的徐霞客,第一次上黄山,正值天寒地冻之时,先雪后雨,披沥九日,未能尽兴。两年后的九月,他又一次登临黄山,逗留五日,得偿所愿,完成了《游黄山日记》(前后篇)。后人根据他的记述和言论,归纳出了"五岳归来不看山,黄山归来不看岳"的名句。

在黄山的历史上，徐霞客并不是第一个登临的"驴友"，却称得上是第一个将黄山推而广之的人。当一个人实地登上黄山，俯仰之间，也许就明白了徐霞客的赞叹。黄山代表了中国山水画的意境，黄山就是一处人间的仙都。

气势磅礴的黄山，巍巍屹立于安徽南部，是长江水系和钱塘江水系的分水岭，地跨歙县、黟县、休宁和黄山市黄山区（原太平县）、徽州区之间，山势由东北向西南伸展。山境南北长约 40 千米，东西宽约 30 千米，全山总面积大约 1200 平方千米，其中属于黄山风景区的 160 平方千米，是号称"五百里黄山"的精华所在。

黄山以"奇松、怪石、云海、温泉"四绝闻名于世，又兼有他山之长，如泰山之雄伟、武夷之秀逸、华山之险峻、恒山之烟云、庐山之飞瀑、峨眉之清凉、雁荡之巧石。黄山如此奇妙，应归功于大自然的鬼斧神工。大约距今 1.3 亿年前，中国东部发生了一次剧烈的造山运动，形成了远古时的"地下黄山"，此后又经过 1 亿多年的地壳运动和第四纪冰川的洗礼，才形成了今天的山岳奇观。黄山山体主要由燕山期花岗岩构成，垂直节理发育，侵蚀切割强烈，断裂和裂隙交错，长期受水溶蚀，形成花岗岩洞穴与孔道。全山有岭 30 处、岩 22 处、洞 7 处、关 2 处。黄山集峰林地貌、冰川遗迹于一体，兼有花岗岩造型石、花岗岩洞室、泉潭溪瀑等丰富而典型的地质景观。前山岩体节理稀疏，多球状风化；后山岩体节理稠密，多柱状风化，山体峻峭，形成了"前山雄伟，后山秀丽"的地貌特征。

黄山的美，首先在于它的奇峰。黄山奇峰到底有多少，还没有一个确切数字。但这里峰峰称奇，素有"三十六大峰，三十六小峰"之称，近年来又有 10 座名峰入选《黄山志》。这 80 多座山峰的高度绝大多数都在海拔千米以上。其中，天都、莲花、光明顶三大主峰海拔均在 1800 米以上。1990 年，黄山被联合国教科文组织列入世界文化遗产和自然遗产名录。每一座山峰都有个名字，每一座山峰也都附注了人们的想象和情感。不仅如此，黄山的每一块石头也都有名字，有传说故事。这些都为自然界的尤物增添了神秘的氛围。

松树本也平常可见，但是一旦落在了神奇的黄山，也就有了神奇之处。这就是以奇特造型和顽强生命力而著称的黄山松。著名作家丰子恺在没有到过黄山之前，常常听人说起黄山的松树有特色，但是听别人的描摹总不得要领，于是他亲自上黄山来看黄山松，并且专门撰写了赞美黄山松的文章。在他的笔下，黄山松被赋予了人的情感。丰子恺观察到，黄山的松树大都生在石上，枝条大都向左右平伸或向下倒生，极少有向上生的，另外就是黄山松的枝条具有异常强大的团结力。丰子恺由黄山松体会到许多人生的感悟，而读者也从他的文字中读出了所蕴含的哲理。

黄山松

　　黄山松原本为油松，生长在海拔 800 米以上的黄山之巅，由于黄山的自然条件产生了变异，成为一个独立的品种。黄山松盘根于危岩峭壁之中，挺立于峰崖绝壑之上，巨松高数丈，小松不盈尺，许多黄山松都是根无寸土，只是破石而生，扎根于山体花岗岩的裂隙之中，哪怕再险峻也能抖擞出精气神来。因为峭壁陡滑，雨水难留，为寻找水源，根部要不断潜入岩体深处有水的断层，所以根的长度往往超过树身数倍。此外，黄山松的根部还极力将岩石中的氮、磷加以点点滴滴地吸收，并获取其中肉色长石里的钾。正因为如此，黄山松才能根深叶壮，四季常青，稳稳地立足于岩石之上，风刮不倒，雪压不断。黄山松千姿百态，或似巨人擎天，或似苍龙凌波，或似猛虎归山。黄山松的特点是针叶短粗而稠密，树冠平整如盖，苍翠欲滴，显示出一种朴实、稳健和雄浑的气势。黄山的每一处松树，每一株松树，在长相、姿容和气韵上，各有不同，各有各的美。人们根据它们的不同形态和神韵分别冠以典雅有趣、亲切自然的名字，例如迎客松、望客松、送客松、探海松、蒲团松、黑虎松、卧龙松、麒麟松、连理松、龙爪松等等。且不说那展翅欲飞的凤凰松、腾跃而起的麒麟松，也不说那轻歌低吟的竖琴松、缠绵亲昵的连理松，单是那漫山遍野郁郁葱葱的没有名字的黄山松，就足以把黄山装点得妙不可言。

位于玉屏楼东侧、文殊洞上的迎客松，是千千万万黄山松的代表。它闻名海内外，是黄山的标志和象征，更是被视为国之瑰宝。游人到此，少不了以迎客松为背景进行留影。寿逾 800 年，其名字始见于民国时期出版的《黄山指南》。迎客松树高 10 米左右，胸径 0.64 米，地径 0.75 米，枝下高 2.5 米。树前中部伸出长达 7.6 米的两大侧枝展向前方，颇像一位好客的主人，挥展双臂，热情欢迎海内外宾客来黄山游览。黄山松姿态苍劲，翠叶如盖，刚毅挺拔，形象可爱。北京人民大会堂安徽厅陈列的巨幅铁画《迎客松》，就是根据它的形象制作的。

黄山不仅有迎客松，还有送客松。送客松位于玉屏峰的道旁，该松虬干苍翠，侧伸一枝，形似作揖送客，故名"送客松"。蒲团松也是黄山的一大奇松。清康熙八年（1669）《黄山志》曾将其列为九大名松之第五。蒲团松生长于玉屏楼至莲花沟道中，老鹰石下，树身高 3 米，侧枝密集在 2 米高度，盘曲于四周，然后平伸，向北面倾斜，针叶簇集顶部，树冠铺展平整，状如用蒲草编成的供僧道打坐、跪拜用的蒲团。蒲团松冠幅直径 10 米，投影面达78 平方米。清人丁廷健写诗赞叹："苍松三尺曲如盘，铁干横披半亩宽。疑是浮丘钱坐处，至今留得一蒲团。"诗中将蒲团松与浮丘得道的传说联系在一起，无形中为蒲团松增添了传奇色彩。

怪石是构成黄山胜景的又一绝品。在黄山，到处可以看到千奇百怪的岩石，这些石头有的是庞大无比，有的小巧玲珑，有的像人，有的像物，有的像是神话传说中所描述的场景。黄山怪石分布遍及峰壑巅坡，或与松结伴，或兀立峰顶。梦笔生花，仙人晒靴（鞋），老僧采药，猴子观海……黄山被命名的怪石有 120 多处，有的独立成景，有的是几个组合或同奇松巧妙结合成景。还有些怪石因为观赏位置和角度变了，形象也就产生了变化，成了一石二景，像"金鸡叫天门"也叫"五老上天都"，"喜鹊登梅"又叫"仙人指路"，等等，这些都是移步换景的缘故。"无峰不石，无石不松，无松不奇"，黄山，给了人们无穷的想象和欢愉！

在黄山北海散花坞左侧，有一座孤立的石峰，形同笔尖朝上的毛笔，峰顶恰巧生长着一株奇松，所以被称为"梦笔生花"。传说有一年的春天，诗人李白来到黄山，见到北海山峰竞秀，景色奇美，禁不住诗兴大发，并大声吟诵。不料，李白吟诗惊动了狮子林禅院的长老，他走出山门，仔细打量，询问得知是"长安市上酒家眠，天子呼来不上船"的诗仙李白，二人相谈甚欢。临了，李白乘兴留下墨宝，并顺手将毛笔一掷，便起身离去，长老送走李白，回身一瞧，大吃一惊，刚才李白掷下的毛笔已化成一座"笔峰"，笔尖化成了一棵松树，矗立在散花坞中。这样的传说，无疑是以虚喻实。不过李白确实写过有关于黄山的诗作，尽管登山的时间存有争议。在《送温处士归黄山白鹅峰旧居》中，诗人李白有着形象的描绘与非同凡响的想象：

无石不松，无松不奇

> 黄山四千仞，三十二莲峰。
>
> 丹崖夹石柱，菡萏金芙蓉。
>
> 伊昔升绝顶，下窥天目松。
>
> 仙人炼玉处，羽化留遗踪。
>
> 亦闻温伯雪，独往今相逢。
>
> 采秀辞五岳，攀峦历万重。
>
> 归休白鹅岭，渴饮丹砂井。
>
> 凤吹我时来，云车尔当整。
>
> 去去陵阳东，行行芳桂丛。
>
> 回溪十六度，碧嶂尽晴空。
>
> 他日还相访，乘桥蹑彩虹。

　　在古人看来，黄山大且奇，不易游也不易记述，美得往往让人"无话可说"。相比于李白其他的山水诗句而言，写黄山的这首算不得脍炙人口。不过，无限风光在险峰，李白若没有攀岩历险身临绝顶，怕也是写不出富有想象力的诗作。李白自号青莲居士，莲花形象在他诗文中屡有出现。而黄山上比邻的莲花峰、莲蕊峰，在李白的眼里，是极度形似莲花和莲蕊的。他在山上追寻前人遗踪，想象着仙人在此炼玉的情景，感受着黄山的雄奇幻险。清代诗人施闰章在《黄山游记》的开篇即写道："江以南诸山，黄山为冠。其高四千仞，所谓天目之顶仅及其趾者也。"这样的说法，与李白的"黄山四千仞""下窥天目松"等诗句，不无关联。李白恋恋不舍地离开了黄山，期待着他日还能探访。

　　黄山还有一个与怪石有关的传说，隐含着凄美的意味。黄山排云亭前右侧，有二石如一双鞋，整齐地放在小峰台上，像是在晾晒，这就是"仙人晒鞋"与"仙人晒靴"。在民间传说中，黄山左数峰的仙都观曾住着老道士道玄和徒弟太清，松林峰上的紫霞宫里住着道姑炼玉和徒儿妙真。两座道宫中间隔着一道鸿沟——西海峡谷，加上道规森严，他们不相往来。一年冬天，山中大雪，仙都观里断了火种，道玄只得叫太清到紫霞宫里去借火种。当太清来到紫霞宫见到妙真时，两人一见如故，谈得非常投机。从此，两人每天打柴、担水，便到一起谈心，渐渐地砍的柴就少了，担的水也少了。不久，双方师父发现了这件事情，均严加呵斥，并规定今后打柴、担水，以两峰交界的沟涧为界，越界了，就用道鞭、神杖鞭打。此后两人在一起说话就变得困难了。一次，趁双方师父都下了山，俩人偷偷见面，并商定：太清在山门前晒靴，妙真在紫霞宫前晒鞋，以为相会的约定。一天，俩人正相聚到一起说话，不料双方师父突然回来，事情败露，俩人将要受到严厉惩罚，想来想去，最后横下一条心，从悬岩上纵身一跃，跳进了云海中。而太清晒的靴子与妙真晒的一双鞋子都没有来得及收，天长日久，就变成了石靴、石鞋。

猴子观海，在黄山怪石中是相当有名气的，它位于黄山北海景区狮子峰前，但见一石如猴，独踞峰顶，仿佛极目远眺，又似纵身跳跃静观云海，当云海散去时，猴子又可观望太平县（现为黄山区）的田园风光，因此这一巧石又称为"猴子望太平"。曾有人写诗说："灵猴观海不知年，万顷红云镶碧天。坐看人间兴废事，几经沧海变桑田。"

为什么石猴要望太平呢？传说太平县城有个仙源村，村中有一户叫赵德隆的书香人家，女儿名叫掌珠，生得聪明美丽。离仙源村不远的黄山北海深处一个洞里，有个灵猴，在山中修炼了 3600 年，会变身。一天，灵猴无意中见到生得俊俏的掌珠，顿生爱慕之心，就变成一个白面书生，来到仙源村，自称是黄山寨主孙广文的公子孙俊武，当天傍晚他以天色已晚为由，请求在赵家借宿一夜。赵家老夫妇见他长得俊秀，衣着新鲜，斯文有礼，便高兴地留他住宿，并盛情款待。酒饮三杯后，孙公子便向老夫妇陈述对掌珠的爱慕之情，央求纳己为婿，发誓侍奉二老颐养天年。老夫妇一听这甜言蜜语，心中非常喜悦，而掌珠对才貌双全的孙公子也格外欢喜。次日一早，老

仙人晒靴

夫妇回了孙公子的话。孙公子听了欣喜若狂，便回去准备迎亲。灵猴回洞后，把大小猴子都变成了人，组成一支浩浩荡荡的队伍，去仙源村赵家迎亲。掌珠乘坐花轿来到洞府，只见里面陈设富丽，宾客满座。夜深席散，孙公子被宾客们拥入洞房。一觉醒来，掌珠发现孙公子长了一身绒毛，大吃一惊。原来，孙公子酒醉，现出了猴子原形。掌珠非常恼恨，乘灵猴烂醉熟睡之机，向外逃走，奔回到家中。灵猴酒醒后，知道自己露出了原形，惊吓了掌珠，便命令众猴出洞寻找，一直找到山下芙蓉岭，也不见新娘的影子。灵猴自从失去了掌珠，朝思暮想，但又没有妙法可想，只得每天攀上洞后的悬岩，坐在石上，朝着东北方向的太平县仙源村呆呆眺望。年深月久，便成了黄山一景。原本就充满灵性的奇山异石，加上种种故事与传说，就显得更为奇特了。

从外面看，黄山是美的。而进山后，人们发现黄山比想象的还要美。黄山有着丰富的自然资源，其生态系统稳定而平衡，植物群落完整而垂直分布，景区森林覆盖率为 84.7%，植被覆盖率达 93%，拥有高等植物 222 科 1805 种，其中有黄山松、黄山杜鹃、天女花、木莲、红豆杉、南方铁杉等珍稀植物，首次在黄山发现或以黄山命名的植物有 28 种。作为动物栖息和繁衍的理想场所，黄山里生活着红嘴相思鸟、棕噪鹛、白鹇、短尾猴、梅花鹿、野山羊、黑麂、苏门羚、云豹等珍禽异兽。其中属于国家一级保护动物的有云豹、金钱豹、黑麂、梅花鹿、白颈长尾雉、白鹳。

黄山野生猴谷坐落于黄山风景区西南部，为三十六巨峰之云门、桃花、浮丘三峰夹抱形成的峡谷。谷中生活着我国特有的、国家二级保护动物——黄山短尾猴。黄山短尾猴一般体长为 50 ~ 82 厘米，体重 15 千克左右，体形浑圆憨实，颜面宽阔，四肢粗壮，尾巴短小，仅为体长的 1/10，好像被人用刀砍断了似的。黄山短尾猴蓄着山羊胡，身披深褐色长毛，色彩纯正，类似金丝，故又称金丝猴。野生猴谷享有黄山天然动物园之誉，这里珍禽异兽繁多，植被物种丰富，所以又被称为华东地区物种基因库。联合国教科文组织曾先后两次来野生猴谷考察。目前，黄山野生猴谷已成为中、日、美三国科学家联合研究短尾猴的基地。

温泉，也是黄山"四绝"之一。黄山温泉，是指黄山宾馆温泉，古时候称汤泉，从黄山海拔 850 米高的紫云峰下涌出，水质以含重碳酸为主，又名朱砂泉，无硫，自唐代开发以来，享誉千年。用它命名的温泉景区，是进入黄山南大门后最先到达的景区。相传轩辕黄帝曾在此沐浴，须发尽黑，返老还童。据科学测定，该处泉水终年温度在 42℃ 左右，清澈甘醇，含有对人体有益的阴离子和人体所需的铝、镁、钾、钠、钙等多种微量元素，对皮肤病、风湿病和消化系统的疾病，有一定的疗效。1979 年邓小平来黄山视察，沐浴温泉之后，欣然题道："天下名泉。"其实，黄山温泉不止一处。在黄山北坡叠嶂峰下，还有一处温泉，叫松谷庵，古称锡泉。它与山南的宾馆温泉水平距离 7.5 千米，南北对称，遥相呼应。

　　黄山的奇峰多，怪石多，名松多，水也多。云海上下，有三十六源，二十四溪，十六泉，八潭，四瀑。黄山山高坡陡，溪流从高山峡谷中奔涌而出，从陡谷悬岩上飞落下来就形成了瀑布。"山中一夜雨，处处挂飞泉"，黄山最壮观的有"人字瀑"、"九龙瀑"和"百丈瀑"。人字瀑，古名飞雨泉，在紫石、朱砂两峰之间流出，清泉分左右走壁下泻，成"人"字形瀑布，其最佳观赏地点位于温泉区的"观瀑楼"。九龙瀑，是黄山最为壮丽的瀑布，源于天都、玉屏、炼丹、仙掌诸峰，自罗汉峰与香炉峰之间分九叠倾泻而下，每叠有一潭，称九龙潭。古人赞曰："飞泉不让匡庐瀑，峭壁撑天挂九龙。"百丈瀑在黄山青潭峰、紫云峰之间，顺千尺悬崖而降，形成百丈瀑布。近有百丈台，台前建有观瀑亭。

　　秦代以前，黄山被称为"三天子都"，即天都、莲花、光明顶三座主峰，为天帝居住的仙都。从秦代到唐天宝年间，黄山被叫作"黟山"，这与 2000 多年前"古黟"县的名字有关，民间有一种说法：因为山上的石头又多又黑，所以叫黟山，甚至有人直接读成"黑多山"。因为传说中华民族先祖轩辕黄帝在这里采药炼丹，于是唐明皇李隆基于唐天宝六年（747）下诏，将黟山改名为黄山。

　　改名后的黄山，果然不同，名气与日俱增，吸引着历朝历代的人们前来寻幽访胜。最早进入黄山的大概是一些出家人，他们在这里建立寺观，先是道教的传入，东汉年间黄山建起了第一个道观，一生二，二生三，道观越来越多；随着南朝时佛教的传入，道教在黄山逐渐衰落，唐宋时佛教达到鼎盛，清末后趋于衰败，乃至基本消失。相较于近邻的佛教圣地九华山，黄山的宗教演变史，令人感喟。

宋代有个叫程元凤的人，跑到黄山云谷寺一带读书，过了一段逍遥日子。但这个读书人还是忍不住，跑到山下，求了个世俗意义上的功名，却又舍不得黄山的烟云，折回来，继续在黄山当闲云野鹤。

中国人历来有传统，面对青山绿水，瞻宏品细，创作出大量的诗歌散文佳作。对于梦幻的黄山，文人们总觉得写不够，画不完。山水的清奇最终融入一笔一画之中，黄山也最终在诗文中呈现着幽妙灵动。唐代的李白、贾岛，宋元时期的范成大、郑玉，明代的袁中道、徐霞客、钱谦益、丁云鹏，清代的施闰章、刘大櫆、袁枚、渐江、石涛，近现代的黄宾虹、刘海粟，等等，他们或以诗文吟诵，或以画笔描绘。这当中，尤以美术大师刘海粟"十上黄山"为佳话。

1918年秋末，23岁的刘海粟在一位歙县籍学生的邀约下，首次登顶黄山，惊叹黄山的丰富玄奥，从此将神奇的黄山视为一生创作的最爱，而他一生中许多重要作品也都以黄山为题材。对于那一次的经历，刘海粟在《黄山谈艺录》中有着详细的记述：

> 我们住屯溪一宿，自汤口来到了桃花溪，在三里之外，便听到涛声如雷，静中有动，更见静谧。稍前，小径更加蜿蜒，时无时有，似有似无，迎面的茅草划破衣衫，刺条和巨蝇咬脸扎脚。过了皮篷，路更难觅，只好躬着腰身，抓住树根秋草，慢慢攀缘。下午二时半，才到鲫鱼背，当时没有栏杆，狂风长啸，两眼难睁，石头又被湿雾打潮，滑滑腻腻，又累又怕，心如擂鼓。前看神仙境，后望无人烟。我们坐在巨石上嘘气成云，挥汗如雨，相视而笑。

散花精舍、清凉台、天都峰等都留下了刘海粟的身影、足迹。一泉一石，一松一壑，都让他为之倾情动心。他不顾山高路险，徒步攀行，边走边记，边看边画。1988年7月，93岁高龄的刘海粟第十次登上黄山，在近两个月的时间里，他到处看到处画。他深情地说："我爱黄山，画天都峰都画了好多年，它变之又变，一天变几十次，无穷的变化……我每次来，每次都有新的认识，有画不完的画。"从1918—1988年，刘海粟十上黄山，时间跨越70年，创作出速写、素描、油画、国画等各类作品400多幅，其中《黄山红梅图》《始信峰麓》等作品已成为中国美术长河中的瑰宝。"昔日黄山是我师，今日我是黄山友。"刘海粟从师法黄山到纵情写意，不断变法、创新，进入一种"自由王国"的境地。20世纪80年代初，刘海粟注重作品中精神与气韵的表达，创作了大量泼墨、泼彩的黄山图，笔墨酣畅，气势夺人。十上黄山，屡有创新。刘海粟将自己的创作精神与黄山的绝美风貌融为了一体。不凡的风景，正是需要不凡的笔力、不凡的表现，才有惊世杰作的诞生。

黄山是大自然的杰作，也是中国山水画的摇篮。明末清初形成的黄山画派，也就是新安画派，对当时的画坛和后世的山水画产生了深远的影响。曾长期出入黄山的歙县人渐江，画了很多有关黄山的画，其中《黄山真景图》一共60幅，别开生面地创造出新的绘画技法；同时削发为僧的江南人石涛，也在黄山探奇访胜，留下了许多精彩的墨宝，《黄山八胜图》是他的传世力作；宣城人梅清，也是将一生的主要精力投注于黄山的描摹上。渐江、石涛和梅清三人是黄山画派的开创者，此后的黄宾虹、张大千、汪采白、刘海粟等也都痴迷于黄山风景，醉心于山水画的创作，成为黄山画派的发扬光大者。

黄山滋养了艺术家，黄山的自然美激发了艺术家，而这些艺术家又将黄山带进了艺术的世界、想象的世界，也为黄山增添了光彩。

花开花谢，寒来暑往，黄山就像一个不老的传奇。

黄山曾见证了伟人的足迹。玉屏峰上有毛泽东的手书"江山如此多娇"；观瀑楼是邓小平视察黄山时下榻的地方；江泽民登临后，写道"且持梦笔书奇景，日破云涛万里红"。

玉屏仙境

　　面对这样一座山，也许你很难做到平心静气。而当一个人克服重重困难，登天一般来到黄山山顶时，放眼望去，但见云海翻涌，莽莽苍苍，大开眼界之后，也许就会变得从容一些，淡定一些，而"黄山归来不看岳"的意义也就不难体会了。

　　春花烂漫，夏涛阵阵，秋枫似火，冬雪绵延。喜爱黄山的人，一年四季来这里都会有惊喜的收获。到什么山，走什么样的路，在于每个人的选择。而黄山，就像一艘挪亚方舟，渡人至超凡脱俗的世界。上黄山通常有两条线路：一条从前山上，可以直接爬天都峰，下来经过玉屏楼，再往上过莲花峰到光明顶，到西海、北海，而后山下。这一条线路相当耗人体力，而且上去累，下来险。另一条线路是从后山云谷寺上，到白鹅岭，经始信峰到北海，实际上是前一条线路的逆行，但给人的感觉比较轻松，而且渐入佳境，精彩纷呈。

　　万峰竞秀，松涛阵阵。一上白鹅岭，就能看到黄山的另一块怪石——飞来石。1987版的电视连续剧《红楼梦》曾取景这块石头。远远望去，飞来石真像一块从天上飞来的石头，它重6吨多，且头大脚小地倒栽在一块平坦的巨石上，看似凌波点水却稳稳当当。从白鹅岭往始信峰行走，沿途可以看到形态迥异的黑虎松和连理松。始信峰的周围都是悬崖绝壁，而绝处逢生的黄山松却随处可见。从始信峰回来的路上，就可以看到黄山很有名的景点——梦笔生花、猴子观海等等。从始信峰下来，一直西行，经排云亭，奔西海峡谷，沿途山路不过是一条顺着山势修建的云梯，云梯下是一眼望不到底的茫茫深渊。或高或低的山路绵延不绝，人行其间，前一秒钟还在仰望天空，下一秒钟就俯瞰悬崖了。

　　俗话说："不到光明顶，不见黄山景。"当人们登上光明顶，就会感受到黄山的雄壮峻拔。光明顶是黄山的第二大高峰，海拔1860米。明代普门和尚曾在峰顶创建大悲院，如今其遗址上建有华东地区海拔最高的气象站——黄山气象站。因为这里空旷开阔，日光照射久长，故名光明顶。站在山顶可观东海奇景、西海群峰，炼丹、天都、莲花、玉屏、鳌鱼诸峰也尽收眼底。

　　光明顶、玉屏楼、清凉台、白鹅岭、排云亭等几处是观看黄山日出的最佳地点。当人们在高山之巅俯首云层时，看到的是漫无边际的云，如临于大海之滨，浪花飞溅，惊涛拍岸，所以人们把这一现象称为"云海"。日出和日落时所形成的云海五彩斑斓，故称为"彩色云海"，蔚为壮观。在中国其他名山也能看到云海，但没有一个能像黄山云海那样壮观瑰丽、变幻无穷。黄山云海或聚散奔突，或排山倒海，玄妙奇绝。大约正是这个缘故，黄山还被称为"黄海"。明朝史志学家潘之恒，在黄山住了几十年，写了一部60卷的黄山山志，书名就叫《黄海》。黄山的一些景区、宾馆和众多景观的命名，都同这个特殊的"海"有关联，有些景观若在云海中观赏，就会显得更贴切，更有韵味。

黄山云海

黄山山大峰高，幽壑纵横，雨水充沛，一年四季都有云海可观。黄山一年之内，有2/3的时间都在云蒸霞蔚之中。气流在山峦间穿行，上行下跃，环流活跃。漫天的云雾和层积云，随风飘移，时而上升，时而下坠，时而回旋，时而舒展，构成一幅奇特的千变万化的云海大观。每当云海涌现，千条深谷，万道山梁，一起淹没在云涛雪浪中，正像古诗中所描写的："处处真成银色海，青青独露几峰高。"如果天将破晓，云海与日出兼而有之，那云海之上便是射金流银，使得百里黄山更加辉煌灿烂。根据云海形成的区域划分，黄山云海可分为：东海、南海、西海、北海、天海。一般认为，光明顶看天海，玉屏楼观前海，清凉台观后海，白鹅岭观东海，排云亭看西海，当然曙光亭、狮子峰、鳌鱼峰、丹霞峰也是观日出和海霞的好地方。登上莲花峰、天都峰，则可尽收诸海于眼底，领略"海到尽头天是岸，山登绝顶我为峰"之境界。在黄山峰顶，人在云雾中隐没不见，而山在云雾中像是在呼吸，在沐浴。天地之间，山就这样承接了看不见摸不着的灵气。

五、秀出芙蓉：九华山

    风总是不知来由地吹起，吹过江上的船的桅杆，吹过田畴，吹到九华的山谷里，吹起一阵阵松涛。漫山的松涛声，不亚于雷声；又像万千的掌声，鼓舞着行进在曲曲折折山道上的香客。

    风是山的挚友，雨水也是不甘落后。"一夜风雨过，遍山满飞龙"，雨季的九华山，水流迸泻，瀑布沸腾。这个时候的九华山，是水天奏乐的世界，一片空蒙的镜像。雨后，松针上欲滴的水珠，折射着晶莹璀璨的光芒。

九华山

    诗意禅境为这片江南胜地争得了无量的光彩。文人墨客流连于此，赞过杏花村，喝过长江水，然后直奔青阳境内的九华山而来。九华山位于长江南岸，西北隔长江与天柱山相望，东南越太平湖与黄山同辉，有着"香火甲天下""东南第一山"的双重桂冠。

　　九华山是中国佛教四大名山之一，有"莲花佛国"之称，是地藏王菩萨的道场，既有佛教古迹，又有自然美景。一座山有一座山的格局，与其他山相比，九华山更接近于佛的境地和意义。耸立于天地之间的九华山，联系着多重世界，又使之彼此交融在一起，于香火缭绕缥缈中获得了超越与永恒的意义。山的独特之美，与佛教文化的博大之美，相得益彰，密不可分。从这个意义上说，九华山就是巨大的容器，就是载体，就是神秘的场，它的天然形胜就是为了承载人间佛国而孕育的，也就自然而然地承担起了更多的宗教乃至文化上的意义。只是，世世代代的人在拜谒之际，是否真正感受到大千世界中所蕴藏的丰盈启示？

　　九华山具有山的共性，沉稳刚健，安忍不动。而四时的不同，如同古人所言："春山淡冶而如笑，夏山苍翠而如滴，秋山明净而如妆，冬山惨淡而如睡。"九华山间，遍布深沟峡谷，垂涧渊潭，流泉飞瀑，气象万千。古人把九华山的美景总结为"五溪山色、桃岩瀑布、舒潭印月、东岩晏坐、平冈积雪、化城晚钟、莲峰云海、九子泉声、天柱仙踪和天台晓日"十大名景。其中的"五溪"，指的是九华山最为有名的五溪，即龙溪、舒溪、澜溪、漂溪和双溪的合称。它们汇流注入九华河，汇流处就是五溪镇，这里是出入九华山之门户，青山倒映在绿水中，柔美的绿水又衬托着青山的挺拔，山水之间如人一般情意绵绵。在九华山众多的瀑布景致中，碧桃潭最为著名，被称作九华山第一大瀑。

　　九华山寺庙建筑以皖南民居风格而著称，依山就势，巧用不规则地形，不强求对称格局，其中有20余座寺庙都建在海拔800米以上的山峰上，寺庙与悬崖绝壁相融在一起，体现了天人合一的思想，形成了气势非凡的人文景观。位于芙蓉岭下的化城寺，是全山寺庙之首，也是全国重点文物保护单位，依山势而建，雕刻有莲花古钱的石板小道直通寺庙门口，每年农历七月三十日地藏菩萨诞辰日，香客和游人络绎不绝，来这里朝拜祈祷。化城寺所在的地方，是九华山的中心，这里也是一个山镇九华街，主要的寺庙集中在此，同时还有学校、旅店、商店和农舍等。从九华街往东走不远，就是九华山四大丛林之一、建立在悬崖上的百岁宫，这里供奉有明代无瑕和尚的肉身。九华山共有三座肉身殿，分别在神光岭、百岁宫、双溪寺。神光岭肉身殿就是安置金地藏肉身的地方。历经唐、宋、元各个时期的兴衰更迭，九华山佛教至明初获得显著的发展，清代达到鼎盛时期，有寺庙300余座，僧尼4000多人，"香火之盛甲天下"。今存寺庙90余座，其中9座被列为全国重点寺院，30座被列为省级重点寺院。自唐代至今，九华山自然形成的僧人肉身达15尊，其中仁义师太肉身是当今世界上唯一的比丘尼肉身，肉身现象为九华山增添了神异色彩。另外，九华山还有佛像6300余尊，珍藏历代经籍、法器等文物2000余件。

人们常说，无限风光在险峰，天台就是这样一个无比险峻的山峰。它是九华山的主峰，海拔1300多米，素有"不登天台，等于没来"的说法。千仞之上是天台，天台之上是天空，天空之上又是什么呢？

从九华街上天台，约15里山路，沿途可以看到九华山诸多的景点。一级一级地往上攀登，腿脚如灌铅，山峰越来越陡峭，回望所经的路和山景，群山匍匐，远处的九华街只有巴掌大了，不由得惊心动魄！当最终到达天台正顶时，眼前却是一片开阔的境地。极目远眺，天地浑然一体，长江如练隐隐可见。清冽的山风送来阵阵松涛。天台周围的岩石，奇形怪状，多呈黝黑色。有一面巨石上刻着"非人间"三个大字。身临此境，有如置身蓬莱。尤其在天台上看日出，壮观之至，非平常日出所能比拟。

日出日落，云烟恣意飘荡，守着亘古不变的承诺。在九华山的历史上，有三个人物不得不提，一个是新罗国王子金乔觉，一个就是李白，再一个就是王阳明了。

在文化的意义上，李白可以说是安徽山水的"贵人"。九华山在汉代叫陵阳山，梁朝叫帻山，后来又叫九子山，因为李白的"点化"，这座山顿时生辉，名声大振。

李白第一次上九华山，是在唐天宝八年（749）。这年的冬天，李白从金陵经当涂、宣城来到池州，在漫游了秋浦河之后，与秋浦县令、诗友韦权舆（韦仲堪）一起邀请隐士高霁上山寻仙问道。早在几年前，李白就听说这一带儒、释、道三教并重，而且知道汉代的窦伯玉、晋代的葛洪等都曾在此炼丹采药，所以心仪已久。进山途中，三人受到当地绅士夏侯回的盛情款待，席间坐眺满山玉树琼枝的雪景，不禁诗情勃发，即兴赋诗，联句唱和。

李白先吟："妙有分二气，灵山开九华。"

高霁接上："层标遏迟日，半壁明朝霞。"

韦权舆对："积雪曜阴壑，飞流歕阳崖。"

李白续满："青荧玉树色，缥缈羽人家。"

兴头上的李白还当即写下序言："青阳县南有九子山，山高数千丈，上有九峰如莲华。按图征名，无所依据。太史公南游，略而不书。事绝古老之口，复阙名贤之纪，虽灵仙往复，而赋咏罕闻。予乃削其旧号，加以九华之目。……传之将来。"当时的九子山"虽灵仙往复，而赋咏罕闻"，而李白改"九子山"为"九华山"，可谓一字千金，世代流芳，真正达到了"传之将来"的目的。

在这之后，李白又写下《望九华赠青阳韦仲堪》诗："昔在九江上，遥望九华峰。天河挂绿水，秀出九芙蓉。我欲一挥手，谁人可相从？君为东道主，于此卧云松。"后来的刘禹锡，在游览九华时作《九华山歌〈并引〉》，对九华山不吝赞誉："九华山，九华山，自是造化一尤物。焉能籍甚乎人间！"刘

九华山景色

禹锡的《九华山歌〈并引〉》为九华山的名声扩大再添薪火。宋代诗人陆游入蜀赴任途中，始见九华山就特意提及："九华本名九子，李太白为易名，太白与刘梦得皆有诗。"刘梦得即刘禹锡，陆游以及后世诗人慕名前往九华山，与唐代诗人的开路有着很大的关系。

九华山主体由燕山期花岗岩构成，以峰为主，盆地峡谷、溪涧流泉交织其中。山势嶙峋嵯峨，共有99峰，其中以天台、天柱、十王、莲花、罗汉、独秀、芙蓉等九峰最为雄伟。九华山宛如一朵硕大无朋的莲花，而绵延的九座山峰，犹如盛开在云海中的莲花瓣。慧眼独具的李白，赋予了九华山高洁而不朽的文化意象。自李白以诗文妙喻九华山之后，唐代的刘禹锡、杜牧、杜荀鹤，宋代的苏轼、苏辙、王安石、杨万里、范成大、滕子京、文天祥、梅尧臣，明代的王阳明、董其昌、汤显祖、湛若水，清代的魏源、施闰章、袁枚等名人学士纷至沓来。他们在九华或隐居，寄情山水，或创立书院，著书讲学，或出入烟霞，参学访道，为九华山留下了丰富的文化遗产。一些文化名流在九华山所作的山水诗文，大多是颂山水、颂佛道的，具有明显的宗教色彩。比如，苏辙写的《过九华山》，也是着力状九华的缥缈神奇：

南迁私自喜，看尽江南山。
孤舟少僮仆，此志还复难。
局促守破舱，联翩过重峦。
忽惊九华峰，高拱立我前。
萧然九仙人，缥缈陵云烟。
碧霞为衣裳，首冠青琅玕。
挥手谢世人，可望不可攀。
我行竟草草，安能拍其肩。
但闻有高士，卧听松风眠。
松根得茯苓，壮若千岁鼋。
煮食一朝尽，终身弃腥膻。
腹背生绿毛，轻举如翔鸾。
相逢欲借问，已往长松端。

一首首诗歌，就这样为九华山增添了灵韵和文气。如果说李白及其诗歌为九华山取了一个富有宗教色彩的好名字，大大提升了九华山的名气，那么，新罗王子金乔觉则是清修苦行，布道弘法，使九华山终成地藏菩萨道场，奠定九华山在中国乃至世界佛教史地位的第一人。而九华山的名与实，终于得到最恰切的融合。

唐开元年间，24 岁的新罗（朝鲜半岛东南部）王子金乔觉厌倦了战争和宫廷生活，渡海来到大唐，苦行修道，历经艰险，最终选择卓锡九华。九华山下的地方绅士诸葛节等人感其虔诚，为其捐款建起禅舍、寺庙。一心向佛的金乔觉，即使新罗国王几次派人来请，也不愿回去，反而将派来的两位大臣（又说是他的两位舅舅）留了下来，两人也在九华山出家当了和尚。

金乔觉虽然是朝鲜人，但他却是一位对汉文化很有研究的高僧，《全唐诗》就收有他的《送童子下山》一诗：

> 空门寂寞汝思家，礼别云房下九华。
> 爱向竹阑骑竹马，懒于金地聚金沙。
> 添瓶涧底休招月，烹茗瓯中罢弄花。
> 好去不须频下泪，老僧相伴有烟霞。

从这首诗里，不难触摸到一个真实的灵魂。空门寂寞，烹茗瓯中，弄花山里，这一切与曾经的奢华生活有多么大的落差！但是因为有烟霞相伴，不必落泪不止，而他也因为坚忍，最终超凡脱俗。

化城寺修建于唐至德初年，时年 60 岁的金乔觉在这里传经布道，九华山佛教渐渐有了规模，寺院发展到 20 余座。唐贞元十年（794），99 岁的金乔觉圆寂，"骨节有声，如撼金锁"，三年后开视，肉身"颜色如生"。又因为其面容与地藏王菩萨相似，僧人们都视其为地藏菩萨的化身，因其俗姓金，故称为"金地藏"。化城寺也从此被辟为地藏王菩萨道场。因为地藏菩萨曾经发誓："众生度尽，方证菩提；地狱未空，誓不成佛。"所以又叫大愿地藏菩萨。当地的僧众在他的葬地建起了石塔，以供人朝拜。这就是月（音同"肉"）身宝塔。为了保护宝塔，在塔外面又建起了大殿，这就是月身宝殿。在此之前，九华山是道教名山，据《福地考》载，九华山位列道教的"七十二福地"之中，居第39位。早在东晋隆安五年（401），僧人杯渡就在此筑室为观，此后常有一些僧人来这里修行，但都没什么特别的影响。

直到金乔觉来这里布道后，九华山的香火日趋旺盛，绵延千载不绝。在金乔觉的影响下，晚唐诗僧应物、冷然，宋代诗僧园证、清宿、希坦，明代名僧宗琳、法鉴、福庆、道泰等相继来此讲经。明末四大高僧之一的智旭归卧九华，著述颇丰；清代高僧月霞在九华后山开办"华严道场"，培育了一批僧才，开创了中国佛学教育先河，不一而足。一直到当代，凡高僧大德，均愿到访九华，弘法布道。九华山的诸多山峰也因为佛教而被冠以特殊的名称，比如文殊峰、弥勒峰、莲台峰、罗汉峰和钵盂峰等。若将天台与拜经台之间的奇峰怪石，与金乔觉在此的诵经联系起来，更是让人感到佛国的神奇。据传金乔觉初到九华山时，曾到拜经台诵经49天，而天台和拜经台处数十座奇峰怪石，如足印石、大鹏听经石、观音慈航石、金龟石、仙人击鼓石和蜡烛峰等，各具神态，构成了一幅惟妙惟肖的听经场景。

作为地藏菩萨道场，安徽的九华山和四川的峨眉山、山西的五台山、浙江的普陀山并称为中国的四大佛教圣地。而在中国佛教史上，以真身应化菩萨灵迹者，唯金地藏一人。佛教是世界三大宗教之一，地藏信仰遍及世界各佛教国家，尤其是东南亚一带。地藏道场在中国，地藏真身在中国，安徽九华山也就成为世界佛教信众向往和朝礼的圣地。

人从自然中来，钟情于山水，似乎是天性使然。揽山水入怀，山水亦冶炼着人们的情怀。明弘治十五年（1502）的初春，鸟鸣于丛篁，新茶的香气还余留在唇齿间。心情颇佳的王阳明"循长江而南下，指青阳以幽讨"。此前，他以刑部云南清吏司主事的身份，奉命审录江北囚狱，多数被平反。"监狱"的公务既了，久慕九华名胜的他，便轻车简从来到长江之南，要探一探人间的天堂。

王守仁，世称阳明先生，一代大儒，以心学名世，不仅如此，他还能征善战，《明史》说他"文臣用兵制胜"当世第一。现在已无从知道，当初的王阳明是气喘吁吁步行上山的，还是坐着轿子咯吱咯吱登顶的。其实，王阳明身体并不强健，得过吐血症，又兼公务繁忙，前后生了几场病。好在置身于灵山秀水之中，他是开怀畅游，乐而涉险。王阳明先是游了齐山，然后就是向九华进发。

王阳明的第一次九华之旅，在某种意义上，有些奇幻色彩。从王阳明留下的诗作中可知，他从五溪入山，夜宿无相寺、化城寺，游览了太白祠、莲花峰等。王阳明一生寄情山水的诗作有200多首，其中写九华山的就有50多首，而在无相寺留下的诗作，竟有9首。《宿无相寺》是其中的一首：

> 春宵卧无相，月照五溪花。
>
> 掬水洗双眼，披云看九华。
>
> 岩头金佛国，树杪谪仙家。
>
> 仿佛闻笙鹤，青天落峰霞。
>
> 老僧岩下屋，绕屋皆松竹。
>
> 朝闻春鸟啼，夜伴岩虎宿。
>
> 坐望九会碧，浮云生晓寒。
>
> 山灵应秘惜，不许俗人看。
>
> 静夜闻林雨，山灵似欲留。
>
> 只愁梯石滑，不得到峰头。

从这首诗的首句即可看出，王阳明的确是春游九华的。在《九华山赋》的序中，他写道："壬戌正旦，予观九华，尽得其胜。已而有所感遇，遂援笔而赋之。"另外，他在《九华歌〈并序〉》中也提到："弘治壬戌尝游九华，值时阴雾，竟无所睹。"两篇序中，都提到了"壬戌"，可见他第一次游览九华山时应为明弘治十五年（1502）。其弟子，明人钱德洪所作的《王阳明年谱》，对于王阳明首次上九华的记叙不仅简略，而且记为明弘治十四年（1501，辛酉），令人颇为费解。

关于第一次游历九华的情况，王阳明用了"尽得其胜"与"竟无所睹"两句，似乎自相矛盾，实则与天气有关，在山上呆的十来天，天气忽晴忽阴，不过并没有阻碍王阳明的兴致。

为九华胜景所折服的王阳明，甚至认为李白写九华的诗过于"潦草"——从来题诗李白好，渠于此山亦潦草。为此，他自己则展开了瑰丽的想象。

"吊谪仙之遗迹，跻化城之缥缈。钦钵盂之朝露，见莲花之孤标。扣云门而望天柱，列仙舞于晴昊。俨双椒之辟门，真人驾阳云而独跻。"通读《九华山赋》，不难发现，首次登临九华的王阳明，思接千载，视通万里，不仅如此，他还与白鹤对话，与嘉鱼游戏，"濑流觞而萦纤，遗石船于涧道，呼白鹤于云峰，钓嘉鱼于龙沼"。置身人间仙境的王阳明，此时也仿佛成仙得道了。

有心问道的王阳明，第一次游览九华，就结识了不少僧友。化城寺西的长生庵，有位实庵和尚，王阳明与他很是投缘，还为他写了一首"打油诗"：

> 从来不见光闪闪气象，
> 也不知圆陀陀模样，
> 翠竹黄花，说什么蓬莱方丈？
> 看那九华山地藏王，好儿孙，又生个实庵和尚。
> 噫！那些妙处，丹青莫状！

这首散曲式的诗作《像赞》，写得相当俏皮，而实庵和尚也因此诗名重禅林了。

除了与实庵和尚谈禅论佛外，王阳明还很兴奋地去拜访地藏洞的一位奇僧，据说他"坐卧松毛，不火食"，只吃松子瓜果之类的东西。王阳明在樵夫的引领下，攀岩走壁，终于找到了正在熟睡中的这位世外奇僧。不速之客造访，僧人惊醒了，即问："路险，何得至此？"王阳明便说明来意，两人相谈甚欢，纵论儒释之道，大有相见恨晚之叹。18年后，当王阳明第二次来到九华山时，奇僧早已远去，他不禁发出"会心人远空遗洞"的感慨。

王阳明还拜访了一位善于谈仙说道的蔡蓬头。只是，这位蔡道士却未给足面子。蔡惜字如金，对王阳明仅说："尚未。"王阳明不死心，恳请指点，并将道士请到"后堂后亭"，蔡道士还只是口吐两字："尚未。"再请，蔡蓬头却一语道破："汝后堂后亭礼虽隆，终不忘官相。"说完，一笑而别。

碰了一鼻子灰的王阳明，带着些许的遗憾，下山后继续休养。身体有恙的他，对于道家的养生之说和佛家的参禅打坐，本来就比较留心，而九华山的奇人奇事，在他的心中留下了难以磨灭的印象。

明弘治十五年（1502）八月，王阳明上书，获准回家养病。这对于少年时代即立志学做圣贤的王阳明而言，相当不易。王阳明出生于仕宦之家，其先祖为东晋时期的琅琊王姓家族、著名书法家王羲之，其父王华曾以会试第一（状元）的身份授翰林修撰。受家族影响，王阳明从小就攻读宋儒著作，钻研八股，以应科举考试，谋取功名。古话说，三十而立，现在却要急流勇退，是真的要如此吗？

回到浙江的王阳明，在绍兴会稽山的阳明洞，盖上房子，专心修炼。按照钱德洪的《年谱》所载："（王阳明）久之，遂先知。一日坐洞中，友人王思舆等四人来访，方出五云门，先生即行仆迎之，且历语其来迹。仆遇诸途，与语良合。众惊异，以为得道。久之悟曰：'此簸弄精神，非道也。'"这样的记述，给人的感觉是神乎其神，好在王阳明比较清醒，说自己是"簸弄精神"了。

不过，王阳明却果如蔡蓬头所言，"不忘官相"的他即使到了西湖边养病，还是"复思用世"。此后，敢于直言的王阳明，在仕途上险象环生，屡遭打击，在京城因反对刘瑾专权，遭廷杖入狱，绝望之际，又起死回生，被贬为贵州龙场驿丞，这一次的被贬，却成就了中国学术史上的一段佳话，这就是"龙场悟道"。王阳明推崇"心即理"，是因为个人的种种境遇，带给他刻骨铭心的认知：只要自己觉悟，并最大限度地去实行，便可获得极大的精神力量，不论外界怎样变化，都能经受得住。因此，不必像朱熹那样格物穷理了。由渐悟到顿悟的王阳明，在龙场差点丢了性命。后来平反入京，领命平定宁王朱宸濠谋反等。只是，危难之际显身手的王阳明，遭到了明武宗的猜忌。在此情形下，有脱尘避世之念的王阳明，只好选择了重游九华山。

在化城寺东面的东峰绝顶上，矗立着一块巨石，形同船舫，壁上刻有王阳明题写的"云舫""飞身处"等字样。尤为引人注目的是，这块石壁上，刻有王阳明手书的《赠周金和尚偈》，这首偈是重游九华的王阳明，没见到初次游览时结识的周金和尚写下的。偈中的"不向少林面壁，却来九华看山"等句，充满了禅学意味。清代赵国麟作《读阳明先生赠周金和尚偈》："谁道阳明不是禅，周金一偈已居然。"

九华山上的题刻

"东岩晏坐"是九华山旧时十大名景之一，在众多景点中，这是一处让人充满了遐想的地方。但王阳明"东岩晏坐"的意义与影响，似乎随着时间的推移被人们漠视了。

明正德十五年（1520）春，王阳明二上九华，前后待了两个多月。年近不惑的他，心境和心智都不同于18年前首游九华了。故地重游，尽管"风日清朗，尽得其胜"，但因遭受诬陷、仕途不顺，不免心事重重，"吾将于此巢兮"。他在东岩闲坐时，不由感慨：

尽日岩头坐落花，不知何处是吾家。
静听谷鸟迁乔木，闲看林蜂散午衙。
翠壁泉声穿乱石，碧潭云影透晴纱。
痴儿公事真难了，须知吾生自有涯。

作为一代大儒，王阳明精通儒、释、道三教，宣扬"知行合一"等。很有意思的是，这一趟九华之旅，王阳明不止一次地攀上东岩，效仿金乔觉当年晏坐修行。晏坐，即安坐、闲坐的意思。在东岩，极目之下，但见峰外有峰，天外有天。已经称病退居的王阳明，找寻到这样非同一般的境地，用佛家打坐这种形式，进行内心上的自我净化和归总，从而超脱自我，个中禅机，也许只有他自己最清楚不过了。而这，也与他一直倡导的、从内心中寻"理"的观念，是相融通的。

进与退，忧与乐，荣与辱，是中国文化中的不老话题。得意时，人们可以"居庙堂之高，则忧其民"；失意时，则遁入山林，寄情于山水，从佛、道之中寻求精神上的慰藉。尽管之前贬谪贵州、悟道龙场，但王阳明内心里依然还存在着这些纠结。这一次在九华盘桓数月之久的他，耳听着晨钟暮鼓，是否借由佛学而对"心学"有了更深刻和全面的体悟，是否在贯通三教的心路上走得更为幽远和决绝，以至于将个人的学术思想推向圆熟的境地，不得而知。清人周赟为九华山阳明书院撰写的楹联："千载良知传道脉，九华晏坐见天心。"算是对此较为公允的评价。

关于王阳明的思想，最为人所津津乐道的便是"龙场悟道"了，王氏心学的另一个重要来源——问道九华、晏坐东岩，往往被忽视了。在九华游学，他不仅汲取佛学思想，还借佛老之瓶装儒学之酒。王阳明两游九华，与僧人朝夕相处、谈佛论儒，在某种程度上，是九华山佛教与儒家之间会通融合的一种印证。据传，正因为如此，派人暗中监视他的明武宗，才打消了猜忌，又启用王阳明了。

王阳明二上九华期间，曾有多位学生追随，他们希望王阳明在九华开办书院讲学，而王阳明也以为仕途无望，便打算在此讲学，以"巢居"此生，只是接到复任诏书后，他又打马扬鞭赴任去了。

明嘉靖七年（1528），王阳明的弟子柯乔、江学曾等秉承其意，在化城寺西边建立了一座"阳明书院"，并在书院周围构建精舍，相互研习王阳明的良知之学。柯乔是青阳柯村人，王阳明第一次到九华时，就曾寻访他的父亲柯崧林，柯崧林曾任明代监察御史。当时柯乔才5岁，后来与江学曾、施宗道等秀才拜王阳明为师，而王阳明对于柯乔的悟性与才气也非常赏识，并作诗称赞他："三岁四岁貌岐嶷，五岁颖异如阿蒙，六岁能知日远近，七岁默思天际穹，十岁卓荣志不羁，十四五六诗书通，二十以外德义富。"有意思的是，柯乔等人还拜在当时的另一位理学大师湛若水门下。

分执明代中叶理学之牛耳的王阳明与湛若水，两人交谊颇深，各自创建的学派"浙学"与"甘泉之学",被世人合称为"王湛之学",而湛若水也参访过九华山。湛若水曾在《述九华》一诗中写道:"曾见阳明说九华,千重山锁万重霞。"由于王阳明的两次游历和湛若水的讲学,明清时期九华山聚集了一大批儒家学子,九华山儒学也是盛极一时。

与"过客"王阳明不同的是,在九华山历史上有一位真正的隐士。他就是唐代的费冠卿,曾作《九华山化城寺记》。在当代作家、文化学者黄复彩看来,九华山的隐士中,费冠卿是最具代表的人物。

像许多来自底层社会的青年一样,无依无靠的费冠卿孜孜以求功名,但是却屡试不第。为了博取功名利禄,费冠卿在京城一待就是 10 年,其间孤苦清寒,尝尽辛酸,甚至连家书都没写一封,因为不知道怎么说明自己的境况。在《久居京师感怀》中,费冠卿写道:

> 茕独不为苦,求名始辛酸。
>
> 上国无交亲,请谒多少难。
>
> 九月风到面,羞汗成冰片。
>
> 求名俟公道,名与公道远。
>
> 力尽得一名,他喜我且轻。
>
> 家书十年绝,归去知谁荣。
>
> 马嘶渭桥柳,特地起秋声。

唐元和二年(807),费冠卿终于考中进士,然而这个时候,他却高兴不起来,因为他突然接到了母亲病危的书信,心急如焚的费冠卿连忙动身,日夜兼程,从长安赶回来的费冠卿,面对的竟是母亲的坟茔。母亲的不幸离世,对费冠卿而言是非常大的打击,他感叹自己的悲苦:求俸禄就是为了奉养至亲,如今终于实现了,最亲的人却离自己而去,要俸禄做什么呢?返回故里守孝的费冠卿,最终选择归隐九华山。

费冠卿是池州青阳人,对于九华山的宗教文化并不陌生。现实境遇的逼迫和心灵的困苦,促使他要通过隐居一一化解。当时的唐王朝已由盛转衰,官场更是逐利倾轧。原本要实现政治抱负的费冠卿,在京城苦读过程中,见识了政纪颓废、朝中任人唯亲、公道不存的现象,最终心灰意冷。所以,当唐皇族、殿院李修行，感念其孝行推举他出任右拾遗，并且天子的诏书也送达时，费冠卿却并不领情，坚辞不去赴任。为此，他还写了多首诗，其中有一首诗这样写道：

> 拾遗帝侧知难得，官紧才微恐不胜。
>
> 好是中朝绝亲友，九华山下诏来征。
>
> 三千里外一微臣，二十年来任运身。
>
> 今日忽蒙天子召，自惭惊动国中人。

诗写得谦卑，并有感恩之心，但费冠卿在另一首诗《不赴拾遗召》中，道破了真正缘由："自古荣华谁可保？"既然如此，不如轻轻松松做个山中隐者，既不会瞻前顾后，陷入纷纷扰扰当中，也不会患得患失。在九华山少微峰下的刘冲，费冠卿搭了几间茅屋，开始了他的长期隐居生活。当时人们因为他"征诏不出"而尊其为"费征君"，称其居室为"费拾遗书堂"或"费征君旧居"。杜荀鹤、苏辙、王安石等曾先后前往凭吊，并留有石刻。费冠卿的隐居地，历经了千年的时光，最终成为九华山一处人文胜地。

那时候的费冠卿，喜欢作诗拟文。在《秋日与冷然上人寺庄观稼》中，费冠卿不无细腻地写道："世人从扰扰，独自爱身闲。美景当新霁，随僧过远山。村桥出秋稼，空翠落澄湾。唯有中林犬，犹应望我还。"悠闲自在的费冠卿，似乎也因为超然世外，而被忙忙碌碌的世人所淡忘，只有那只犬还希望他回来。隐居山林中的费冠卿，与姚合、张籍、张载、萧建等往来唱和，写下不少吟咏九华山的诗文。当然，平日里更多的是与僧人往来盘桓。时任礼部侍郎的萧建，是他在京城屡屡落榜时结识的朋友，萧建写诗予他并询问九华情况，费冠卿以诗答复。在《答萧建》一诗中，费冠卿详细描述了九华山的山形和他的隐居生活。在费冠卿看来，自己听猿猴撞钟，持青灯探洞，拾野果充饥有旁人体会不到的妙趣。他甚至奉劝好友萧建，"君能弃名利，岁晏一相从"。九华山的秀丽冶炼着费冠卿的性情，九华山的名胜也通过费冠卿的笔端代代相传。因为山水，因为隐居，费冠卿的诗作也越发透着空灵与禅意："照眠夜后多因月，扫地春来只借风。"

费冠卿生前还为九华山做了一件功德无量的事，那就是他从京城回乡的第六年，写下了《九华山化城寺记》，记述了金乔觉的身世和卓锡九华的经过，有着很高的史料价值。费冠卿与地藏王菩萨几乎是同时代的人，从小长于山下，耳闻了许多掌故，对九华山的历史可谓耳熟能详，相比较其他人撰写的九华山记叙文章，他所写的《九华山化城寺记》更具可信度，向来被学者视为珍贵的研究资料，《全唐文》曾全文收录该文，可见一斑。费冠卿死后，葬于鸡母山下的拾宝岩。晚唐诗人杜荀鹤在《经九华费征君墓》诗中说："凡吊先生者，多伤荆棘间，不知三尺墓，高却九华山。"说费冠卿"高却九华山"，应属高度赞颂了。杜荀鹤与费冠卿可谓心有戚戚，他也是屡次参加京城考试却屡屡名落孙山，失意后隐居山林之间，并且也写了许多有关九华山的诗作。青山有容，最终包罗了失意的或者意气风发的历代文人墨客；青山有幸，在诗文中永存并且闪耀着光芒。

六、原始逸境

　　山是什么？"横看成岭侧成峰，远近高低各不同。"简简单单的诗句，就概括出了所有高高低低、大大小小的山的共性的形态。纵然诗句万千，山却亘古不言。天地之间，若缺了山的高度，自然平淡许多。地球上有深海，也有高山；从天宇洒下的有雨露，也有阳光。自然界乃至整个宇宙的神奇，在于其已有的丰富性与无限的可能性。喜欢森林的法国思想家卢梭说："森林是属于我的小小宇宙。"推而广之，不仅仅是森林，草地、湖泊、高山等等，都可以称得上一个人、一个群体的"小小宇宙"。在梭罗的眼里，瓦尔登湖就是他的"小小宇宙"；在陶渊明的心中，南山就是他寄身的最好的"宇宙"。人人都生活在宇宙中，人人又都在寻找适宜自己的"小小宇宙"。

　　万古之中，四时之中，逸境自有其美，哪怕长时间寂寞着。逸境之特殊，在于出尘，在于与凡世的距离感。逸境的逸，自然需要到风景中找寻，逸景的格调最终得投射在人的心中。现在，不妨将眼光投向几座深山，它们都有着清凉而隐逸的意味，被人视为放松身心的"小小宇宙"。这些山，无一例外都在安徽的南部。

　　牯牛降、黄山、清凉峰，三座比肩而立的山，坐落在同一纬度。它们自西而东，隔空相望，惺惺相惜。相比较于黄山的热闹，牯牛降和清凉峰显得寂静一些，也呈现着蓊蓊郁郁、幽远玄妙的原始况味。

　　牯牛降坐落在安徽祁门与石台交界处，是阊江和秋浦河的分水岭，该山距祁门县城大约60千米，离石台县城仅22千米，核心区面积逾10万亩，最高峰海拔 1727.6 米，峰顶有一块黑色的巨石，远看就像一头大牯牛顶天而立，所以这座高峰就被称为"牯牛大岗"，而山也被称作牯牛降了。而从"降"字的意义上理解，可以说成"天降牯牛"了。长达数十里的牯牛降东与大历山相连，西与斗笠尖相接，形成了一道天然屏障，能北拒寒流，南承季风。

牯牛降是黄山山脉向西延伸的主体，也因为雄、奇、险、秀，而有着"西黄山"之称。若在晴好天气，登上峰顶，极目远眺，可东望黄山，北看长江。牯牛降的景色，是天然去雕饰，是浑然天成的。如果运气眷顾的话，在峰顶，可见圆弧状七色光环浮现，随风飘浮滚动，这就是罕见的"佛光"，为牯牛降一绝。

牯牛大冈（丁长杰　摄）

牯牛降的美，在于参差多样。"三十六大岔，七十二小岔，岔岔环连环，大岔套小岔"，当地流传的这首民谣，形容的正是牯牛降沟壑万千的景象。放眼望去，只见群峰披绿，林木参差，牯牛降像是罩了天然的保护层。四季之中，穿行在幽深曲折的牯牛降峡谷中，仿佛置身于另一个世界，让人变得无比轻松。尤其是在春天的早晨，鸟声清越，各种树木争相吐绿，清亮的水珠滚过叶尖，雾气打湿了眉毛，一切都让人生出无限的欢喜来。

牯牛降的美，在于深沉厚重。从 8.5 亿年前的雪峰运动，到距今约 2 亿年的中生代印支运动，再经燕山运动、喜马拉雅山运动，沧海桑田的巨变，终于将牯牛降塑造成层峦叠嶂、峭壁深渊，成为皖南又一座雄奇的大山。正是由于山区成陆历史久远，地形复杂，牯牛降至今还能发现大量 7000 万～200 万年以前的古老动植物种类，如第三纪以前的孑遗树种杉木、红豆杉、三尖杉等，同时还有国家重点保护的野生植物如鹅掌楸、香果树、永瓣藤、银杏、独花兰等。由于山体庞大，峰高林密，深邃的牯牛降颇有遗世独立的意味。

牯牛降的美，还在于云雾造景。像黄山一样，牯牛降也因为积聚丰富的雨量，所以林茂草盛，云雾缭绕，形成了独特的云海、云河、云湖等景观。变化无常的烟云，勾勒出秀丽奇妙的山色胜景：险峻中见温柔，恬静中见奇幻。

牯牛降的美，更多的是一种清凉幽美。尽管属于国家级自然保护区、华东地区动植物基因库，还被列为"中国青少年科学考察探险基地"，各种名头已经不小，但牯牛降更像是藏在深闺的清纯玉女，独自绽放着美丽的娇颜。

探访牯牛降的美，有两条路径。

如果从中国红茶之乡祁门进入牯牛降风景区，可以欣赏到仙女潭、黄龙潭、牯牛湖、潜龙谷、铸钱炉、仙人聚会等景点。而且，这里有着近似吊脚楼的竹林木屋，依山而建，错落有致。坐在木屋的廊上，伸手可抚竹叶；屋后是片林子，厚厚的树叶积压着，植物的气息弥漫着，深深呼吸一口，便觉洗心清肺一般。这一带的山谷中，有着大片的竹林，竹影婆娑，水声潺潺，宛如仙境。山谷里的树都高高瘦瘦，尽力地往上长，以便多争得一点阳光。就有那么一棵树，长得尤其出彩，枝丫像是人为修饰过一样，分叉分得极有规律，一点也不杂乱，枝叶不多也不少，恰到好处地点缀着，好像国画大师笔下的神树。还有一处更奇妙，四五棵树生在一起，其中有两棵可称为连理枝。人们还巧妙地利用树木设计了休息的长木条凳子。这一带，最动人的要属一路潺潺而流的泉水了。其中一条溪流从幽深的山中奔泻而下，到了观音堂附近渐行渐缓，并在此处形成了一个小湖，人称"牯牛湖"，树影倒映其间，显得格外的幽静。从黄龙潭到潜龙谷，水流一折又一折，碧得发亮，绸缎一样光滑，古玉一样温润。这里还有个好听的名字——洗心岩。黄龙潭、黑龙潭均是山涧中飞瀑冲击形成的小水潭，水清亮得让人无法想象。铸钱炉据传是当年山僧私铸铜钱的地方，至今还能发现遗存的铜渣。溪流深处，即是仙人聚会的景点，这里也是幽深隐蔽，有巨石若干，或蹲或卧，仿若神仙会聚于此。这个天然的"森林浴场"，有时在早上会升腾起大团大团的云雾，云雾翻腾在山间，鸟鸣回响在林间，让人好生欢喜！

若是从石台进入牯牛降，不仅可以亲近清澈明净的龙门潭、四叠飞瀑、鸳鸯潭和情人谷，还可以寻觅古村落严家村的隐秘况味。这一带水清、树绿、人稀，是名副其实的天然氧吧。这山谷中花香无形，却总是如风一样在人的身边浮动着。

到了龙门大峡谷入口处，但见两山对峙，形如天门，龙门峡谷下面就是龙门潭了，潭水清澈见底，真真切切可以一眼看到深处。泛着幽绿的龙门潭，宛如一块硕大的天然翡翠。而从龙门潭，一直延伸到牯牛降主峰山脚下数千米的幽深峡谷中的溪水，清洁到"蒸馏水"的程度。据说 20 世纪 80 年代初期，国家和安徽省林业部门曾组织科考队，深入牯牛降进行考察。考察水文的专家们在双龙谷河段做水的电导率测试时，发现仪表指针丝毫不动。一开始专家们怀疑是仪器出了毛病，后来才搞清楚不是仪器失灵，而是这里的水太洁净了，洁净到无法测出电导率！除了水的清洁称奇外，这里峡谷幽深，怪石遍布，古木如盖。在龙门潭的北侧和南侧，分别有"石公桥"和"劝善桥"。两座桥的名字都是为了纪念明代万历年间的戏曲家郑之珍。郑之珍号高石，一生宣扬佛理，劝人行善，他曾多次参加科举考试，却屡屡不能中榜，回乡后从教，在祁门、石台一带山村讲学、著书，因撰写《新编目连救母劝善戏文》而名扬天下。位于龙门潭口东侧临河处，有一眼常年不涸的清泉。相传，牯牛降山南祁门清溪人郑之珍，寓居在这一带时常用这眼泉水洗脸。时间一长，从小因患天花而留下目疾的郑之珍，眼睛居然恢复了正常，从而顺利完成了数十万字的《新编目连救母劝善戏文》。该戏文在民间舞台上久演不衰，并随徽商的行走而广布天下，对徽剧、川剧、汉剧、豫剧、昆曲等都产生过一定影响。当地人为了纪念他，就把他洗眼的这眼泉水叫作"石公泉"。后来，郑之珍被居于太平湖附近的苏氏家族请去，撰写苏氏家族史上发生的"子代父死"的感人故事，最终写出了《五福记》大戏。为了彰炳千秋，当地人又把"石公泉"改为"五福泉"。郑之珍在此地以泉洗眼治好目疾的真实性已不可考，但奇山秀水灵泉，总是让人浮想联翩，尤其与文人相契并有佳话相传，似乎也就更加生动感人了。

　　龙门峡谷内还有百丈岩、滚石滩、栖贤洞、隐月池、南国小长城诸多景点，如诗如画；"情人谷"则是三面环山，岩壁陡峭，茂林修竹，泉水淙淙，是情侣眷属逗留的好去处；"四叠飞瀑"气势夺人心魄，像一匹天外飞来的四叠白练，直挂崖壁，如雪似玉，曲折回环。之外以称为四叠，是因为瀑布并非一泻而下，而是撞击岩壁上突出的几块岩石，致使白练似的瀑布水流，一

石台牯牛降四叠飞瀑

97

石台牯牛降严家村

叠又一叠呈阶梯形坠下。在地质史上，四叠飞瀑的形成，还有更深层次的原因。据研究，牯牛降主峰地区在 8.5 亿年前摆脱海水侵袭，隆起成陆；而主峰山地以北地区，则是在距今两亿年前的中生代三叠纪末的印支运动时期，才褶皱隆起成陆，与牯牛降山地连成一体，从而形成现代牯牛降的风貌。据此可知，这四叠飞瀑及其向上延伸的部分，是牯牛降山体南北相连的一个重要的接合部。可以说，飞瀑所在的地方是大地的一道伤口。沧海桑田之后，飞瀑的神采融化了大地的伤疤，激越的水声令人心旷神怡。

隐于山坳里的严家村，山环水绕。严家村其实并不大，但安逸清净。村口有许多古树，这是严家村自古以来精心保护的结果。进入严家村，可见一排徽州建筑，但又没有喧嚣的人群和浓郁的商业气息，只是兀自散发着岁月陈酿后的静好气息。村中有着特色的"标语墙"，从红军北上抗日直至"大跃进""文化大革命"等多个时期的标语、口号，还留存在民居的墙壁上。除了民居，严家村保留有老磨坊、古祠堂、古石刻等。严氏宗祠

"富春堂",就是一处值得寻访的古建筑。在严家村下首古树林一侧的河面上,建有一座月牙形小石桥,名为"子陵桥"。据考证,东汉隐士严子陵后裔就居住在严家村。垂钓富春江的严子陵,当年拒绝刘秀的征召,决意终老于林泉之间。其第七代孙严荣德秉承先祖志趣,游荡苍苍云山,溯江而上,"爱秋浦山水之胜,偕妻子卜居于此"。正如范仲淹所赞:"先生之风,山高水长。"严子陵的风范已然与山水一样高古并传承了,或者说穿越了时空并附注于后世。

牯牛降的隐秘,恐怕也是吸引明末复社领袖吴应箕选择此地作为抗清大本营的缘由之一。吴应箕是石台人,崇祯年间的贡生,参加复社并担当重要组织者,曾起草《留都防乱公揭》,讨伐阮大铖。清兵攻破南京后,他回到家乡坚持抗清,并在牯牛降双河口一带与清兵发生激战。由于叛徒的出卖,清军大军压境,吴应箕所率义军及其亲族成员寡不敌众,或被俘或战死,血流成河,悲壮至极。吴应箕被俘后,拒绝威逼利诱,从容引颈就戮。吴应箕生前所著《读书止观录》,汇辑中国先秦以来读书古训和读书掌故,向世人昭示了读书之法和察人之道。他的抗清义举虽然有一定的局限性,但其悲壮行为展示了可歌可泣的气节。

长时间与世隔绝的还有地跨皖浙两省的清凉峰。清凉峰由怀玉山脉北段、黄山山系部分和天目山系以西几部分组成。黄山和天目山都赫赫有名,不大为人所知的怀玉山脉其实也很奇特,三清山就是怀玉山脉的一支。清凉峰主要位于安徽绩溪县境内,单单名字,就给人几许清凉的感觉。在安徽境内,清凉峰的主峰海拔达 1787.2 米,仅仅比黄山矮了那么一点,属于华东第二高峰,其海拔 1000 米以上的山峰,就有 30 多座。清凉峰以华东罕见的高度,形成了有别于江南群山的高远与苍凉。处于名山胜迹包围中的清凉峰,似乎一直以寂寂无闻的"野山"之名存在。不曾听说李白来过,也不曾听说徐霞客探访过,更没有诗文名篇传诵,所以清凉峰也就少了些文化品位和历史遗迹,但它也就更多地保留了原始风貌和自然气息。

清凉峰的地形复杂多变,远近高低各不相同,既有类似黄山峻峭奇丽的景色,也有山中"台地"和群顶"小平原"等独特地形。险要之处,壁立千仞;平坦之处,一马平川。这里还有着大量奇形怪状的石头,给人以无限的想象和趣味。要说清凉峰的最独特之处，当属幽静的氛围，它没有受到人类过多的打扰。长期以来，由于交通闭塞、人类活动少，山体中上部的森林植被基本保持了自然原貌，保持着良好的生态环境。这座保存极为完好的原始森林，2011年被升级为国家级自然保护区。

清凉峰共分林海景区、花海景区、石海景区、绿谷景区和云海景区五大景区，山峰逶迤而险峻，美丽又孤傲。今天人们来探访清凉峰，与这里被誉为"自然博物馆"多多少少有关。清凉峰生物种类丰富，生物多样性极为突出，拥有"四多"：生物物种多、珍稀濒危物种多、模式标本种多、特色植物群落多。这一点，和黄山、牯牛降都比较类似。也许，只有达到了一定的高度，才有这样包容多多的"胸襟"。植物学家们经过实地考察发现，清凉峰保存有典型的中亚热带常绿阔叶林及标志性物种，共有9个植被亚型、29个植被群系。品种丰富的植物及其千姿百态的形态，不仅装扮着山峰，而且还能把人带入一种幽邃而淡远的"学术氛围"中。其中，珍稀植物群落有：西坡中南坑的"连香树-青钱柳群落"，北坡荒坑的"南方铁杉-安徽杜鹃群落"，十八龙潭、南坡三河口的"华东黄杉-小叶青冈群落"，西北坡栈岭湾的"银鹊树群落"、横岩下的"天目木姜子-鹅掌楸群落"，峰顶的"小叶黄杨灌丛""安徽杜鹃矮林""鄂西玉山竹灌丛"，野猪塘的"湖北海棠群落"，荒坑和横岩下的"领春木-鹅掌楸群落"，南坡朱家舍和白石岩残存的"野生银杏"，北坡横岩下、中南坑、南坡老拐对的"华西枫杨群落"，栈岭湾的"台楠群落"，水井湾、章坞口的"银缕梅群落"，南坡大坑的"金钱松群落"，银孔洞的"安徽槭群落"，北坡鲤鱼背的"华东野胡桃群落"等。

清凉峰拥有国家重点保护的野生植物25种，其中被国家列为重点保护对象的"华东黄杉"，是白垩纪或更古老的时代残存下来的孑遗树种，已濒临绝种边缘。在清凉峰，人们竟然发现了成片的20多株华东黄杉。除此之外，安徽境内，仅黄山云谷寺等处尚存一两株。除了野生植物，清凉峰还拥有梅花鹿、白颈长尾雉、黑麂、云豹等国家重点保护动物38种，尤其野生梅花鹿，属世界珍稀濒危动物。梅花鹿属偶蹄目鹿科，为东亚特有种，野生梅花鹿目前总数仅有1000只左右，极为稀有。清凉峰的梅花鹿为南方亚种，有200只左右，主要分布在大坪溪、小坪溪、千顷塘、大源塘、干坑一带，具有极高的经济价值、观赏价值和科研价值。

由于境内奇花异草众多，清凉峰一年四季花开不断，数不尽的野花从山麓向山顶次第盛开。早春时，梅花、迎春樱不顾春寒料峭竞相开放。未几，映山红、天目木兰、黄山木兰、天目木姜子等争奇斗艳。穿行在清凉峰的原始森林里，踩在厚厚的松针铺就的地毯上，耳畔是溪流淙淙，小鸟欢唱，行走其间，山野之趣油然而生，身心也随之松弛下来了。

清凉峰不仅是绿色的海洋，拥有傲然挺立的黄山松、姹紫嫣红的棠棣花，还有石林、溶洞、地下河等诸多景观，而石林中也是古木参天，藤萝蔓舞。那些拔地而起的怪石，形象独特，十分有趣，也被冠以各种形象化的名字，如"仙人锯石""猿人上山""小姑背情郎""白云岩""仙人洞""龟蛇把关""狮象进门""天子池"等，多达四五十处。清凉峰之所以有着喀斯特地貌以及众多怪石，均缘于其地质古老，地貌类型复杂，地处"江南古陆"的东段。

清凉峰景区常年云雾缭绕，一座座山峦时隐时现，如同气象万千的山水画卷。清凉峰因为雨量较大，生成了云海、云河、云湖等奇观。这里的云海虽然没有黄山的壮观，但也气势不凡，云雾中的山峰，就像蓬莱仙境中的仙岛，围绕着主峰浮浮沉沉。云河则是形成于山壑之中，立于峰巅俯视，仿佛一条条银带在峡谷中缓缓飘动，有时又像脱缰奔马，呼啸而去。白云轻盈飘荡，时而如山佩戴了帽子，时而如山覆盖了衣衫，时而如山束了腰带。人在山脊上行走，刚刚是风和日丽，巍巍群山一览无余，转眼间云雾如海浪翻腾，一切都朦朦胧胧了。

世上奇妙非常之景观，常在险阻、僻远的地方。有着不染风尘的纯净之美的清凉峰，因为地形复杂，山路崎岖艰险，以前鲜有游人进入，不过现在这里成了户外运动爱好者的天堂，吸引他们的，正是复杂多变的地形和惊心动魄的风景。但是，进入山体腹地后，由于山高林深，沟壑密布，而且山里有许多悬崖断壁隐在树林草丛间，一旦走错路极有可能发生不测事件，所以需要有经验丰富的当地向导带路，不能单独冒险。由于属于国家级自然保护区，清凉峰核心区与缓冲区严禁私自入内。此外，每年的11月中旬到次年4

月中旬是清凉峰封山防火护林期，严禁上山，而最好的登山季节是每年的 6 月与 10 月。

清凉峰吸引驴友的另一个重要因素是徽杭古道经过这里。徽杭古道是继"丝绸之路""茶马古道"之后的第三条著名古道。徽杭古道最初是宋代绩溪人为找寻一条去杭州的捷径而开凿的，后经明清两代不断修建，最终在民国年间形成了以石板为主的山路。徽杭古道保存最完整的一段是绩溪境内的盘山石阶小道，这也是徽杭古道的精华所在。徒步登顶清凉峰有多条线路，一般选择的有：西线—北线：徽杭

清凉峰上的徽杭古道

古道进山；东线：浙江正规官道进山；南线：安徽歙县进山或临安顺溪镇进山。西北线属于经典线路，广受"驴友"青睐。位于清凉峰自然保护区北侧的徽杭古道，起于安徽绩溪县伏岭镇鱼川村，经逍遥岭、马头岭、雪堂岭，到达浙江临安市马啸乡浙川村，全长约 20 千米。沿途山势险峻，怪石嵯峨，高峰巨岩，南北夹峙，中有逍遥溪水蜿蜒其间。障山大峡谷、胡氏宗祠、江南第一关，等等，都是徽杭古道沿途或附近的重要景点。胡雪岩、胡炳衡等一代徽商巨贾，就是从这条古道走出大山，走向广阔的世界。胡雪岩年少时曾沿着徽杭古道肩挑背扛，翻越座座山头，把货物送到杭州售卖。一担，两担，三担……各种货物源源不断地从徽州山里运出来，少年的生意越做越大，不仅在徽州，在上海、京城都有了分号，胡姓少年最终成为徽商的一个最重要的代表。

鱼龙川是个靠近公路的村子，从这里跨越虹溪桥，然后开始正式徒步徽

杭古道。古道的起点，就是两山夹峙之间的一个狭窄山口，处在海拔千米的逍遥岩下，登山石阶全部开凿在峡谷北侧的山腰上，往上而行，要走"天梯"，这"天梯"竟有1400多级青石阶！两侧是连绵不断的峡谷，溪流淙淙，瀑布重叠。到达"江南第一关"后，心中免不了有惊吓之感，这是徽杭古道最为险要的地方，人称"徽杭锁钥"。关门由四根大长条横架的天然岩石构成，门楣西刻"江南第一关"，东刻"徽杭锁钥"等字样，这里山势险峻，岩石突兀，山路异常艰险，春夏季沿途有多处瀑布。继续沿石板路前行，经水库到达黄茅培村，此处可停留歇息，村子建在山腰，有几十户人家，种植蔬菜、茶叶等。过了黄茅培，道路平坦许多，但要走一段漫长的碎石路，像是没完没了，路两边的群山上是一眼望不到边的青松翠竹，谷底常常传来溪流飞瀑的声响，不时有巨岩突出，"猛虎下山""五指朝天""千帆起发""老翁采药"等景点形态各异。经"下雪堂"后可攀登闻名遐迩的蓝天凹。蓝天凹，是徽杭古道必经之地，也是徽杭古道的最高点，海拔1000多米，四周松枝苍郁，青山隐隐。因这里两座山峰呈"凹"字形，蓝天白云嵌入其中，所以称为"蓝天凹"。蓝天凹其实是清凉峰的一处山顶"小平原"，生长着一片高山草甸，两旁山坡草木依依，坡度平缓，置身最高处可望见左旁巨大峭壁型山脉，即"鲤鱼跳龙门"，该山脉往下倾斜，连续数里，给人的视觉冲击非常强烈，而右侧则由草木、灌木向密林过渡，逐渐入山。由于地势开阔，来自各地的驴友，都非常喜欢在这里扎营露宿。从蓝天凹下行，约1小时后抵

清凉峰上徽杭古道的制高点蓝天凹

达永来村,再走一段路就到了浙川村,至此转入汽车道,古道之行就结束了。当然,完整意义上的徽杭古道并不止于这一段山路。徽杭古道排名安徽十大徒步线路之首,原来行进的是商旅,千百年后换成了徒步的"驴友",某种意义上也算是一种隔世的回响吧。

养在深闺的仙寓山,不大为人所知。仙寓山是黄山的余脉,它的奇特,也是因为承接了黄山的余绪。还有重要的一点,就是仙寓山与黄山等高山,都坐落在地球的北纬30°上。这条由地理学家虚拟的纬线,集聚了世界上众多神奇的名胜风光。

位于石台县的仙寓山,比邻东至、祁门两县,主峰海拔1376米,是皖南第四高峰,有着皖南山水的自然属性和文化上的徽派特点。仙寓山,顾名思义,就是神仙居住的地方。

仙寓镇的幸福村,是往仙寓山必经之地。这个村子的房屋多为二层结构,二楼是木质的。一些房屋的墙壁上,至今还留有20世纪五六十年代的口号、标语。沿盘山路上山,到了一处海拔800多米的地方。这里有个双坑村,属于撤乡并镇后的仙寓镇。双坑村虽然只有50多户人家200来个人,却来自山东、湖北、河南、河北、江苏、贵州、四川等全国10多个省40多个县,各种姓氏有70多个,连少见的"雪""雍"等姓也不乏其中,可谓名副其实的"中国村"。原来,双坑村早在红军北上抗日时,就成了先遣队的活动根据地,一些受伤而留下来的红军成了当地居民,其次在三年自然灾害时期,有一些外地人逃荒来此,再者就是20世纪80年代山里来了一批砍伐队员,其中一部分人就留在了这里。因为是散落状,甚至是独户成组,村民组之间相距又较远,所以他们保留了各自的方言、生活习惯等,以致有"东家吃面饼,西家烧火锅"的情况。据说,黄梅戏《天仙配》中董永的现实原型也就在这里,是仙寓山董家岭的人。

在仙寓山海拔800多米的地带,有一丛千棵左右的红豆杉群,国内罕见。红豆杉,国家一级保护植物,世界濒危天然珍稀植物,有"植物黄金"之誉,具有非常高的考古、药用研究价值,从红豆杉树皮中提取的药物成分紫杉醇,在国际市场上是黄金价格的几十倍。

在郁郁葱葱的树木掩映之下,潺潺的流水声一直飘荡在山谷。而这一切像是前奏，为了衬托出仙寓山七彩玉谷的不凡。雨天，七彩玉谷犹如长龙游波，刺啦一声，就要身纵天外似的。而当晴空万里，七彩玉谷的气势柔弱多了。即便如此，也让人惊叹，怕世上再无第二个这样幽深、曲折的峡谷了。

七彩玉谷，大约形成于3亿4000万年以前，原名仙寓大峡谷，之所以称之为七彩玉谷，是因为这里的石质为火山爆发后形成的彩色花岗石。经过水流的千百万年冲刷、溶蚀，彩石层表壳的岩体被推走了，彩石便显露了出来，以棕红、纯白两色为主，间有青、蓝、灰、黑等多种颜色，斑斓绚丽，整个河床像一条玉带。而随着早晚、晴雨与四季光照、投射角度的变化，七彩玉谷也产生出不同色调的观赏效果，宛如现代舞台背景的幻化多变。在这条长约4000米的彩色峡谷中，尤其是呈棕红色的石头，光滑如玉，在水的映衬下，艳丽无比。七彩玉谷内还有两处巨幅天然壁画，其中一幅长近100米，气势磅礴，造型颇似人物和珍禽异兽。

仙寓山七彩玉谷（丁长杰　摄）

仙寓山中有条古徽道，古称"徽饶通衢"，是徽州连通当时安徽省会安庆的要道，一头经由池州、殷汇等地，一头通往屯溪、景德镇、上饶等地。这条目前保存最完好的古徽道，是用清一色的长条形青石板铺就的，宽度为1.5米，全长7.5千米。在这条古徽道上，每隔几里路，便建有一座石亭，供行人小憩或食宿之用。由于山势陡峭，仙寓古徽道也异常险峻，有一段坡度接近90°。当年行走在这条古徽道上的人们，肩挑手扛，竹杖芒鞋，不知经历了多少艰辛！

仙寓山徽饶古道（丁长杰 摄）

仙寓古徽道上的要塞榉根岭，在历史上赫赫有名。清咸丰年间，两江总督曾国藩为防御太平军，建起了一座长达14千米的石长城，石长城的一段即在仙寓山榉根岭，它横跨古徽道，故称榉根关。此关海拔900米，地势险要，易守难攻，为兵家必争之地，曾国藩率领的湘军与太平军，在这一带曾多次交手。关于榉根岭之战，《清史稿》中有多处记载，曾国藩的家书中也数次写到。最惨烈的一战发生在1860年，当时太平军攻陷徽州，曾国藩带领湘军退驻祁门，抢占各要塞有利地形，并派兵坚守榉根关，而太平军分别从婺源、黟县渔亭、石台槠根岭三路向祁门进攻。攻打槠根关的太平军，虽然兵力十倍于湘军，但打得十分艰难，血战三天三夜，才破关而入，直抵祁门总督府，曾国藩、李鸿章等差点拔剑自刎。

如今，槠根岭段的古徽道上，有个玉泉亭和一口玉泉井。相传玉泉井是仙人铁拐李为解当地百姓口渴，而用拐杖凿成的。在云雾天，井里的水呈乳白色，如同白玉一般，所以人们称之为玉泉井。可惜，现在的玉泉井已经被山石塞满了，当年立下的碑刻也不复存在。

从槠根岭沿着古徽道往山下走，可以看到不少古树，多是几百年的，有棵黑壳楠树龄580年，生命力依然旺盛。再往下，有座石砌的古稀亭，据说是清朝一位70岁的古稀老人捐建的，为的是庆贺他与老伴举案齐眉，儿孙满堂，同时也为方便路人。在这一处，曾发现了一块"输山碑"，记述了200多年前当地李氏家族的环保事迹。

仙寓古徽道还见证了几段革命历史。1934年，方志敏领导抗日先遣队北上抗日，途经此古徽道，与国民党顽固派血战一场，这里至今还遗留有红军的战壕。1949年，解放军横渡长江后向西南挺进时，途经古徽道，并取得了辉煌战绩。

作为中国三大富硒村之一，仙寓山中的大山村，比陕西紫阳、湖北恩施的富硒村还好。中国科技大学的教授曾在此做土壤微量元素含量检测，发现大山村所在地的土壤含硒量，竟比一般地区高5~10倍，为全国罕见。

硒是人体必需的微量元素，对癌症、心血管病等多种疾病具有很好的治疗作用，而身处富硒之地的大山村人，多长寿，且不肥胖，新中国成立60多年来，没有发现一例癌症患者。据说，一名癌症患者曾只身来到大山村，在这里居住了5年，饮溪水、食山果，也许是硒元素的神奇作用，竟不治而愈。更神奇的是，大山村的王村村民组相传是王莽的后裔，这个村240多人，男性全部姓王。大山村所产的名茶"雾里青"，曾在出水的瑞典古商船"哥德堡"号上被发现。

仙寓山神龙谷一带，古树参天，浓烈的葳蕤之气，仿佛要将人席卷进去。沿途可以看到的古树：石楠树，320岁；紫薇，480岁；紫楠，188岁；枫杨，285岁；甜槠，310岁；江南楷木，480岁；珊瑚朴树，320岁……古树群中，

仙寓山云雾

蜿蜒着一条山谷，水势平缓。而名为"一帘幽梦"的洞穴，水瀑如帘，像极《西游记》里的水帘洞，此处还天然地冲出了一块圆形的巨石，镇于水帘洞前下方，似是仙人打坐之处。被称为"龙脉"的山脊，景色奇美，古树林立，山风大作时，惊涛骇浪，意欲卷起千堆雪一般。而山下的村子则波澜不惊，静若处子。这一处风景，让前来观光的人们大呼过瘾。

　　大山村有王村、李村和洪村三个村民组，其中王村所在的地方尤为奇特，他们倚山结庐，世代以种茶为生。村口一棵甜槠，680 岁，葱茏如盖。村子四面环山，像安卧在摇床里的婴儿。东南面有一丛古树，天然一处入风口，光线也通透，远处层峦叠嶂，云雾常年缭绕，而西北面则有一个天然的出风口。传说，谋权篡位的王莽归田后隐居在此，而记载王氏为王莽后代的王氏族谱，至今还保存着。村里有个王氏宗祠，历经风雨，虽然残破，却依然是这个村子的中心，祭祖、老人离世，都要在宗祠里举行仪式，并且沿袭着传统的风俗和规矩。

七、群山交响

　　安徽是幸运的，也是令人嫉妒的。也许，再也没有这样一个地方，荟萃着如此之多的秀美山水。她的脊梁是如此的坚韧挺拔：黄山、九华山、天柱山、齐云山、清凉峰高入层云，山色空蒙；敬亭山、浮山、琅琊山、褒禅山痴绝墨客，阅尽诗文；仙寓山、妙道山、天堂寨、白马尖妙景天成，清新自然。藏在深闺的安徽非著名山峰，更是星罗棋布，数不胜数。苍穹之间，风云变幻不定，沧海瞬间就化为了桑田。群山座座，万般胜迹，将安徽这片古老而年轻的大地，布局得如此惊心动魄。

　　大诗人李白，痴恋皖山皖水。唐天宝七年（748），48 岁的李白从金陵溯江而上，遥看皖公山，不由叹道：

> 奇峰出奇云，秀木含秀气。
>
> 青冥皖公山，巉绝称人意。
>
> 独游沧江上，终日淡无味。
>
> 但爱兹岭高，何由讨灵异。
>
> 默然遥相许，欲往心莫遂。
>
> 待吾还丹成，投迹归此地。

　　位于安庆潜山县境内的天柱山，周武王曾在此封国为皖，后人为纪念皖国首领皖伯，就把山名改为皖山、皖公山了。而安徽简称"皖"，也来源于此。

天柱山

皖山奇景迭出，天外飞来神石，一柱擎天西南。壁立如削的天柱峰，飞鸟难渡，可望而不可即，可近而不可攀。而神似安徽先人的"皖公神像"，更是叫人称奇。

公元前106年，汉武帝南巡至此，封为"南岳"。"天下名山僧占多"，道教曾将天柱山列为第十四洞天，东汉有名方士左慈在这里起炉炼丹。香火缭绕的三祖寺是全国重点寺庙，在禅宗史上，驻锡三祖寺的僧璨，是一个重要的坐标。自初祖达摩西土东来，二祖慧可断臂求法，传至三祖僧璨，禅法得以中国化，并畅行于世，成为汉传佛教中最具中国特色的宗派之一。

摩崖石刻是天柱山最蔚为壮观的人文胜景。400多块石刻，历唐宋而至民国时期。北宋王安石任舒州通判时，常与友人来此饮酒作诗，留下题刻"水无心而婉转，山有色而环围，穷幽深而不尽，坐石上以忘归"。同时代的黄庭坚，非要在附近盖房子读书，还自号"山谷道人"，玩兴大发的他，坐在形似卧牛的巨石上，让大画家李公麟为之画像。至于潜山现代作家张恨水，自号"天柱山樵"，常把天柱山引为作品背景。

智者乐水，仁者乐山，大自然以其无穷的魅力，让文人骚客竞折腰。

被誉为"江南诗山"的宣城敬亭山，山岚暮霭，秀中有慧，谢朓、李白来访后，白居易、杜牧、韩愈、刘禹锡、梅尧臣、汤显祖、施闰章、梅清等也都慕名来访，诗赋画作数以千计。李白曾先后7次来到宣城，敬亭山也是一游再游。公元761年，已届花甲的李白，感怀伤世，独坐敬亭山，留下"相看两不厌，只有敬亭山"的千古名句。

敬亭山的文气萦绕蔓延。发源于敬亭山独秀峰的梅溪，九曲环绕，东流至柏山，婉转而深沉。柏山原名双羊山，低矮厚朴，古柏蔽日，仿佛接续了敬亭山的灵气，自从梅远及子孙移居柏山后，这里蕴藏的诗魂喷涌而出，人文蔚起，彬彬郁郁。

天柱山三祖寺觉寂塔

天柱山摩崖石刻

111

晚唐诗人梅远从老家吴兴（今湖州），来到宛陵（今宣城），做了节度使王茂章的幕僚。也许是这里的山光水色激发了梅远的诗情，他来宣城后写了许多的诗文。可惜，梅远的诗集《迁居草》没有存留下来。《全唐诗续拾》中收录了他的两首诗，都是写他迁居宣城后的感受，其中一首名为《筑居宛北》：

昔住苕之南，今适宛之北。
溪山故缭绕，往来等乡国。
爱此太古风，不但占林越。
岚气敬亭浮，波光响潭接。
虽在城市傍，而与喧嚣隔。
息心谢纷烦，投闲遗一切。
结构类茅茨，宁复事雕饰。
草堂亦易成，经营岂木石。
喜见野人来，渐与尘迹绝。
把我盈樽酒，妻儿同一啜。

另一首名为《迁居》：

百里犹乡土，千年亦比邻。
愿言培世德，未敢咏维新。

梅远的诗风素淡清雅，不事雕琢，对其后人影响极大，不过梅远"未敢咏维新"，而其五世

敬亭山入口

孙梅尧臣，在承继家学的基础上，倒是成了诗坛维新领袖，他的诗歌一扫晚唐和五代的淫靡、浮艳之风，开创了宋诗新局面，被誉为"宋诗开山之祖"。

梅家以诗书传家，梅远的儿子梅超、孙子梅邈，梅邈的儿子梅让、梅询都能诗能文，梅超、梅邈两代未仕，到了梅询由科举出身为官后，梅氏开始成为当地的望族，梅让、梅询各有五子，七人入仕，梅让的儿子梅尧臣，史称"以诗名家"，梅尧臣的四个儿子，有两人为官，至于他的叔父梅询一房子孙，进士及第更多。

北宋以后，宣城梅氏代有名人，涉及政治军事、天文数理、诗文戏曲、书法字画等各领域。据记载，自北宋以来，主要是明代中期以后，梅氏先后有举人48人，贡士44人，进士27人，朝廷名臣9人，荐辟（朝廷待恩诏用）10人，获各类科举功名的不下2000人，各级、各类府衙官吏160余人，史、志入传者27人，其中，元代经学大师梅致和，明代"宣城心学"奠基人梅守德，明末诗、书、画"三绝"的梅朗中，清代历算大师梅文鼎、画坛宗师梅清等杰出人物，在科学文化艺术史上，都占有一席之地。晚清时期，梅氏宗祠撰有楹联一副："家有遗业，昌言文集，圣俞诗稿；室无他物，诞生字汇，定九丛书。"楹联中提到的就有梅询、梅尧臣、梅膺祚、梅文鼎四人，而梅氏历史文化名人，显然，远非这四人。一地一族，其盛况，世所罕见。明代文学家王士祯赞叹道："从夸荆州人人玉，不及梅家树树花。"

宣城敬亭山

梅尧臣，字圣俞，汉代宣城名为宛陵，故人称梅尧臣为"梅宛陵""宛陵先生"。梅尧臣父亲梅让耕读于乡，叔父梅询进士及第，官至翰林学士，很有诗才。梅尧臣一生做的都是小官，但在诗坛上却享有盛名。30岁那年，梅尧臣在河南洛阳主簿任内，与欧阳修、尹洙发动了一次声势浩大的诗文革新运动，对宋诗有着巨大的影响。而欧阳修、王安石、司马光、苏轼等，都受到梅尧臣诗风的熏陶，对他有着崇敬之情。欧阳修推其为诗坛盟主，始终称梅尧臣为"诗老"。司马光说："我得圣愈诗，于身亦何有，名字托文编，他年知不朽。""我得圣愈诗，于身亦何如，留为子孙宝，胜有千金殊。"南宋诗人陆游甚至认为梅尧臣是李杜之后的第一位作家。

梅尧臣还奖掖后进，王安石、苏东坡等都曾受到他的提携。有一年，选拔进士，梅尧臣被举荐为考官，在评阅举子苏轼《刑赏忠厚之至论》文章时，读到"赏疑从与，罚疑从宽"句子，大感振奋，爱不释手，便向主考官欧阳修建议列为第一。不过，欧阳修发现文中有几句存在无典杜撰的可能，打算舍弃，而梅尧臣再三坚持，欧阳修只好将苏轼列为第二。

梅尧臣早年诗歌受西昆派影响，后来由于他关心现实，诗风逐渐变化，并提出了同西昆派针锋相对的诗歌理论，强调《诗经》《离骚》的传统，反对浮艳空泛的诗风，致力于创作反映社会矛盾和民生疾苦的诗文。其诗风格平淡朴素，意境含蓄深刻，领宋诗风气之先。梅尧臣曾参与编撰《新唐书》，并为《孙子兵法》作注。著有《宛陵先生文集》60卷，包括诗歌、散文、赋，另有《拾遗》《附录》等传世。

"风雪双羊路，梅花溪上村。鸟呼知木暖，云湿觉山昏。妇子来陂下，囊壶置树根。予非陶靖节，老去爱田园。"一个早春，漫步的梅尧臣，轻轻吟诵。柏山的景致，总是让他开怀之际，诗情勃发。梅尧臣当年居住的梅氏草堂，坐西向东，梅溪环绕，前对响山、宛溪，后依柏山，占尽风水。梅溪河上，建有石桥，为巨大的麻石搭建而成。过河，有一条青石铺就的进城小道，直通城南熏化门，路旁遗有两尊石羊，原是唐大将许诸墓前的，墓已不存，双羊惹人感怀。而这条蜿蜒的小道，则被称为双羊古道。

53岁时，梅尧臣在这里兴建了一座会庆堂，会庆堂又名柏山祠，是宣城梅氏总宗祠，梅尧臣在这里供奉了父亲梅让、叔父梅询的画像。建造会庆堂的缘由，梅尧臣在《双羊山会庆堂记》中有所说明："余以附城地势之胜，势胜神灵所栖，故建阁曰'宝章'，以严帝书；为堂会庆，以安吾先君先叔画像。"这座梅公祠，初名宝章阁，会庆堂则是供奉先灵之处。一则为祭奠先人并表达后辈敬仰之意；二则为训诫后世子孙，弘扬先人余烈。梅尧臣所提到的宝章阁，主要是珍藏梅尧臣及梅氏后人获赐皇帝诏书、文物的地方。

梅尧臣的庶母张氏、嫡母束氏都安葬在柏山，名为"双归山"，墓志铭为欧阳修所撰。按照记载，双归山应该是地势较高的两座小峰。

公元1060年，受命编修《唐书》的梅尧臣，书成，还未来得及上奏，即感染时疫，病逝于开封汴阳坊，其子梅增运回了父亲的灵柩，归葬于柏山，时称都官墓，梅尧臣墓的左右，安葬有其前后两位夫人，曾竖有巨大的三块墓碑，墓志铭也是由欧阳修所拟。梅尧臣的友人、会庆堂守祠僧人澄展，因为感念世受梅氏恩德，在守灵之际，于柏山广植翠柏，日久天长，柏山柏树参天，郁郁葱葱。会庆堂旁还建有护祠寺，成为历代梅氏后裔和游人朝拜的地方。

200多年后，任宁国知府的文天祥（府治宣州），曾寻访梅氏故居，拜谒都官墓，写道："苍苍宛水阳，郁郁都官坟。乔松拱道周，绿茎茁芳荪。"明代文徵明来此叹道："宛陵东下碧溪长，正绕梅公旧草堂……谁识照心清百尺，古来唯有谪仙章。"

明弘治年间，知府范吉出于敬仰梅尧臣诗名和美德，在柏山寺都官墓祠左，临梅溪筑亭，名为景梅亭，亭内游人题咏颇多。其中，梅氏后人、清代画坛宗师梅清题写道："南郭双羊路，寒梅复古亭。亭空谁更倚，山外一峰青。"由于柏山被视为梅氏文化的发祥地和宣城历史文化的圣地，千百年来，尽管历经战乱，尽管官吏如走马灯一样，来来去去，但出于对文化圣地的敬畏与尊重，地方官员总是要对柏山的文化景观修缮一番，并且举办祭奠活

梅尧臣墓地

动等。

据说，宋代宣城梅氏有 19 支。经学大师梅致和的舅舅、元代礼部尚书汪泽民还写道："梅溪数千室，问姓靡云异。"而到了明清时期，宣城梅氏尚存有 3 支，一支是梅尧臣长子梅增的后裔，为善经望；一支是梅尧臣叔父梅询的直系后裔，为墨庄望；还有一支是梅尧臣四弟梅禹臣的直系后裔，为章务望。"宛陵三望"为承袭正宗，防范混杂，自明代中期起就同祭祖先，共续宗谱。由于柏山地势高峻、面山环水、名人辈出，这里被认为是风水绝佳之地，尽管有官府禁令和家规族法，但是在柏山偷偷下葬的事仍时有发生。

宣城雨后，往东南眺望，可见柏枧山，巍然壮观。

远观柏枧山

从柏山到柏枧山，梅氏族人走了 70 余里路，分出了光芒四射的一支。自梅尧臣的孙辈开始，宣城梅氏一支迁居到城东南 70 余里的柏枧山。明代中后期至清代前中期，这一支，即文峰梅氏，涌现了一大批杰出人才，如明代戏剧家、文学家梅鼎祚，编纂《康熙字典》蓝本《字汇》的明代文字学家梅膺祚，被誉为近代世界三大数学家之一的清代著名数学家、天文学家梅文鼎，画坛巨匠、诗人梅清，"诗书画三绝"的梅朗中，数学家梅文鼐、梅瑴成、梅冲，画家兼诗人梅庚、梅磊、梅蔚等。此外，桐城派后期重要作家、姚鼐四大弟子之一的梅曾亮，虽是江苏上元人，但其曾太祖就是梅文鼎。

1633 年，梅文鼎出生在宣城西南黄渡乡柏枧山一带的伏村，受父亲梅士昌影响，他潜心学术，一生博览群书，著述 80 余种。梁启超说："我国科学最昌明者，唯天文算法。至清而尤盛，凡治经者多兼通之，其开山之祖，则宣城梅文鼎也。"早年，梅文鼎随其父读《周易》，即喜观天象。27 岁起，开始学习数学、历法，写成《历学骈枝》二卷。清初西方科学知识的传入，对梅文鼎产生了巨大影响。其《古今历法通考》是我国第一部历学史专著；总名为《中西算学通》的巨著，包含数学著作 26 种，几乎囊括了当时世界数学的全部知识，可谓冶古今中西数学于一炉。梅文鼎注重天象观测，创造了不少兼收中西方特色的天文仪器。

章太炎在题为《清代学术之系统》中写道："清代算学，以梅文鼎为首。清初算学家有一通弊，多偏于天文方面，故只能认为天文学家，尚不能认为算学家。又多讲迷信，如江永之流，尚不能免此病，虽梅文鼎亦迷信测天步历，盖当时风气如此。自梅氏后，几何学渐渐通行，此本西法，不过将中国旧日算法加以推明，此梅氏所以仍为第一也。"

梅文鼎被称为中国承前启后的天文学家、数学家，与英国的牛顿，日本的关孝和并称为近代世界三大数学家。梅文鼎不仅是杰出的自然科学家，而且能诗能文，他所写的序言、引言之类，落笔成趣，文采斐然。当时，大学士李光地慕名请他进京讲学，并举荐给康熙皇帝，康熙南巡时在船上召见梅文鼎，与其连谈三日，并亲书"绩学参微"以示奖赏。梅文鼎去世后，康熙特命江宁织造、《红楼梦》作者曹雪芹的父亲曹頫前往宣城，负责营造其墓地。

梅文鼎的墓安葬在一条山冲里。两侧山冈由高渐低，宛如游龙。墓冢上杂草丛生，墓碑几被遮掩，有几竿竹子，不长，不肥；三面环立着松柏，墓地原靠着一个小山坡，现在已不可见。1988 年墓地修葺过一次。那一年，为纪念梅文鼎诞辰 355 周年，在合肥与宣城两地举行了纪念梅文鼎国际性学术讨论会暨第三次全国数学史年会。

梅文鼎墓地前的一方水塘

值得一提的是，在文峰梅氏这一支，梅文鼎曾担任过族长，其任内，梅氏家族 40 年无诉讼。梅文鼎的弟弟梅文鼐，子梅以燕，孙梅毂成、梅玕成，曾孙梅玢、梅钫等 10 多位梅氏成员都通晓数学，形成了以梅文鼎为领衔、其祖孙四代为主的"宣城数学派"。梅文鼎之后，"宣城数学派"中，最有成就的当属他的孙子梅毂成。

有赖于自然地理和人文地理演化的地域文化，主要附丽于人文地理的演变，人文地理则因族群的繁衍迁徙而变化。仅宣城一地，就有梅氏、贡氏、吴氏、施氏、沈氏、胡氏等诗礼传家的衣冠大族。而在安徽乃至中国，文化世家、名门望族何其繁多。从敬亭山到柏山，再到柏枧山，文化世家"宣城梅"，根植于人文荟萃的江南胜地，得山水浸润，诗文熏染，人才井喷，群星灿烂，气象非凡，成为中国家族文化、地域文化中极为亮丽的奇葩。

宣城北有敬亭山，西有文脊山。与敬亭山相媲美的文脊山，位于宁国港口镇山门村，山高 400 余米，山虽不高，却挺拔陡峭，峰峦攒秀。文脊山东有海螺山，南有蒋家山，西与柏枧山相连，北有铁门槛。文脊山中怪石嶙峋，而山北的铁门槛，尤令人称奇，南宋诗人范成大攀登铁门槛后，写出了"纵有千年铁门槛，终须一个土馒头"的千古名句，而且还被曹雪芹引用到《红楼梦》中。文脊山中还蕴藏着著名的观赏石宣石，宣石晶莹剔透，洁白亮丽。

由于是石灰岩地貌，文脊山中多泉水，尤其是雨季，满山回响着叮叮咚咚的泉水声。不仅有四季流淌的泉水，文脊山还有多处瀑布，最有名的就是飞龙瀑布和龙潭寺瀑布，此外还有常年不涸的铁心潭，铁心潭位于文脊山峰顶"望天台"，潭水清寒，深不见底。

文脊山以及山中的山门洞，吸引着韦应物、罗隐、梅尧臣、王安石、沈括、杨万里、施闰章、梅文鼎等历代 50 多位文人，来此览胜，流传下来的诗词文赋达 200 余首（篇）。中唐诗人韦应物较为详细地写了文脊山及山中古寺的清幽景色：

> 始入松路永，独忻山寺幽。
>
> 不知临绝槛，乃见西江流。
>
> 吴岫分烟景，楚甸散林丘。
>
> 方悟关塞眇，重轸故园愁。
>
> 闻钟戒归骑，憩涧惜良游。
>
> 地疏泉谷狭，春深草木稠。
>
> 兹焉赏未极，清景期杪秋。

北宋诗人梅尧臣多次与文友游览文脊山，并写有多首诗词。在《次韵和吴季野游山门寺望文脊山》中，他简练地描绘着文脊山峰的形胜："楚客好山水，五月上高峰。峰顶望文脊，草树皆有容……"当时，在文脊山与柏枧山之间还建有一座"文脊亭"，梅尧臣与宣城簿张献民刻诗于亭子上。王安石过文脊山，感慨万千，也留下诗句："宣城百山间，文脊尤奇峰。拔出飞鸟上，画图难为容……游者如可得，甘弃万户封。安能久尘土，倾倒相迎逢。"

犹如漂浮在白荡湖畔的一艘船，安庆枞阳境内的浮山，不高也不大，却名列安徽五大名山。早年的浮山，四面环水，山浮水面水浮山，像是浮在水面上的一粒田螺，又称"水上蓬莱"，这里叠嶂、峭壁、岩洞、怪石、岩钟、天桥与涧流，幽谷与湖荡遍布，自然风光与人文胜景并美。唐宋时期的孟郊、白居易、范仲淹、王安石、欧阳修、苏轼、黄庭坚等都纷纷来此游览，明清时期的袁宏道、袁宗道、方以智、左光斗、梅清、方苞、刘大櫆、姚鼐等等，也都在浮山吟诗唱和。

浮山是国家森林公园、国家地质公园，以独特的火山地质地貌、摩崖石刻以及宗教遗迹而著称于世。浮山是一座沉睡亿年之久、保存比较完善，具有典型性的白垩纪晚期火山喷发形成的古火山，其地质构造是国内中生代粗面质火山岩中最具代表性的地区之一，堪称"天然火山地质公园"。由于火山喷发而产生的大小洞穴玲珑剔透，浮山古火山遗迹被命名为"浮山旋回"，具有很高的科研价值。

枞阳浮山方以智题字石刻

曾经的浮山，香火盛极一时，寺庙、塔院林立，尤其是宋代高僧远禄来此驻锡，成为浮山临济宗的开山祖师，远禄和尚与欧阳修"因棋说法"更是让浮山声名远播。相传会圣岩是当年远禄和尚为欧阳修说法处。大师以下围棋作比方，阐明佛学哲理，致使欧阳修折服而改变了原有的观点。会圣岩又是远禄著书之地，著名的《九带集》就创作于此地。远禄坐化于此，瘞骨于左侧的栖真岩内。

浮山还遗存有483块摩崖石刻，这些石刻文化含金量高，多是诗词、游记，书风不一，游人至此，往往以为是置身于中国书法大观园。明代万历年间，袁宗道与袁宏道曾多次游览浮山，并留下碑文和题刻。袁氏兄弟二人都为远禄禅师的《九带集》撰写了评论《浮山〈九带引〉》。"试问飞来峰，未飞在何处？人世多少尘，何事不飞去？"此为袁宏道仰望浮山飞来峰，惊叹之下即兴所作。明代书法家雷鲤在其《浮山纪游》中写道："已从浮山来，更觉浮山好。万壑染秋云，乾坤怪未了。游人无古今，天风醉花鸟。我欲煮烟霞，呼童拾瑶草。"才华横溢的雷鲤，秉性刚直，因为触怒权贵，仕途坎坷，浮山风景荡涤了他的胸怀，让他有超凡脱俗之感。至今，浮山还保存有雷鲤所题

浮山"因棋说法"石刻

的"壶天别业"摩崖石刻。

山景奇幻，人文玄妙，给人神秘感的，还有齐云山。

在明代地理学家徐霞客的一生中，两次游览的名山共有4座，除了黄山、天台山、雁荡山，就是休宁县境内的齐云山了。徐霞客踏着登封桥，两游齐云山，留下了《游白岳山日记》。

白岳，是齐云山的别名，"欲识金银气，多从黄白游"，汤显祖的诗里就曾提及。尽管一度与黄山并称为"黄山白岳"，但齐云山的名气，还是难以与黄山平起平坐。

齐云山

历史上的齐云山还是有很大名头的。作为中国四大道教圣地之一，这里很早就是江南道家活动场所了，唐宋时尤为兴盛。之所以被道家相中，并成为道教圣地，和齐云山得天独厚的丹霞地貌有关，这里的峰、岩、洞、石都赤如朱砂，灿若红霞，进入其间宛如到了"仙宫"。

齐云山不仅道院参差，众多摩崖碑刻也是光辉闪耀。李白、朱熹、海瑞、唐寅、戚继光、徐霞客、袁枚等都有游览诗文，也都刻在了山崖上。

齐云山玉虚宫

峰高齐云，名有仙气。历代以来，不乏有人以道家学说解读齐云山形状，并因此进行建筑构造。人游齐云山，仿若进入道家的"丹炉"，和着仙丹一起被淬炼。山中规模最大的道观太素宫，是按左青龙、右白虎、前朱雀、后玄武的方位选址建造的。太素宫西边的"小壶天"景点，石门为壶形，内有石洞，站在这"洞天福地"，可远眺黄山诸峰。攀上齐云山最高峰紫霄崖，五老峰一览无余，而山下的横江，则呈"S"形，活像"太极鱼"。

每一座山，都有其自身的妙趣与神奇。一花一世界，一叶一菩提。

齐云山小壶天

休宁齐云山与登封桥

位于无为、庐江交界的国家森林公园天井山，山顶有一口天井，终年不枯不溢。每年3—10月，成群结队的白鹭、牛背鹭在林海中翩翩飞舞，蔚为壮观。而将"太阳"和"月亮"聚于一体，则是马仁山的神奇所在。

马仁山位于长江南岸的铜陵、南陵、繁昌三地交界处，素有"皖南张家界，江滨小黄山"之称。马仁山主要有两座山峰，一为太阳山，一为月亮山。太阳山上有个"太阳洞"，每当日出时，阳光透过此洞后，光芒四射，宛若神光普照，而月亮山上也有个"漏月洞"，月夜之际，通过山洞观月，奇幻无比。两座山峰相对又相连，相映成趣。太阳山仙缘亭南侧还有座神秘的石屋，石屋由三块鼎立的巨石组成，进入石屋中可以看到天然形成的"人"字景，以及光滑润洁、高达20多米的石柱。

楠木是一种极其珍贵的木材，名列中国重点保护野生植物名录，多生长于中国西南部，马仁山中却有一片约50亩的天然楠木林，层层叠叠，已近千年历史，树龄500年以上的楠木比比皆是。据考证，这是同一纬度最后一片原始楠木林。

深山有寺，寺隐山中，仿佛如此才完满。马仁山中也有座古寺，名为马仁寺，始建于唐贞元十一年（795），据说是王羲之后裔狲宵隐居马仁山时所倡建，清代曾重建，赵朴初临终前曾亲笔题写寺名。与马仁寺隔峰相对的是乌霞寺，坐落于马仁山南麓。乌霞寺始建于宋代，现遗存的为清末所建。据记载，宋代名士陈翥曾在此撰写了世界上最早研究桐树栽培方法的论著《桐谱》。乌霞寺后有个天然形成的山洞乌霞洞，乌霞洞洞口虽小，洞内空间却比较大。谭震林将军曾在此指挥皖南抗日根据地的游击战争等。

马仁山石屋

马仁山的奇特，还在于其景区周围，散落着多个历史遗迹。约250万年历史的人字洞，是古人类活动遗址；柯家村古瓷窑址，创建于五代，兴盛于宋早中期，是景德镇瓷器的发源地，曾为南唐宫廷烧过贡瓷，在中国瓷器发展史上占有重要地位。

与马仁山同样是国家地质公园的芜湖南陵丫山，以一首"神曲"《丫山迷歌》而广为人所知。"丫山美啊丫山丫，丫山的丫头伴着牡丹花……"歌曲中唱到的牡丹，是丫山的名产。丫山因主峰呈"丫"字形而得名。传说中，地藏王菩萨曾路过此地，而后往九华而去。李白寓居丫山时写下名句"仰天大笑出门去，我辈岂是蓬蒿人"，韦应物则从苏州任上奔袭而来，只为慕名探访丫山灵岩寺。这座千年佛刹建于丫山腹地，几度兴废。在寺院内，生长着两棵千年铁树，一棵形似"丫"，一棵状如"山"。

古往今来，文人骚客们遍寻名山胜地。在李、韦之后，王安石、汤显祖、梅鼎祚等也都纷纷循名而来，写诗作文。更早些时候，三国东吴孙权苦心孤诣来此练兵，二乔避难罅隙不忘赏花。山川之中，总是隐藏着某种秘密，而处处遗迹也总是惹人遐想。位于丫山西麓的下宕村，仿若世外桃源，四面为山峰所拱卫。村里保存有明清老宅、石片院墙、青石池塘、千年古井等。这里居住的山民，以孙姓为主。而据孙氏族谱记载，该村孙姓族人正是孙权后裔。

丫山还拥有华东规模最大的喀斯特地貌——石林奇观。丫山石林虽比不得云南石林的名气，但在鬼斧神工下，自有其特色与景致，也为丫山增添了神奇的色彩。丫山还是"牡丹之乡"。丫山种植牡丹的历史可追溯至南宋年间，存活至今的丫山牡丹王，寿逾百年。丫山如今拥有三个牡丹观赏园，集天下牡丹之品种，形形色色，数不胜数。每年四五月份，各色牡丹盛开在石林中，形成了壮观的花海石林奇景。

巢湖南岸的银屏山，蕴藏着许多的奇趣。这里有着奇花、异木、仙人洞，以及古寺"龙兴寺"和飞檐翘角的牡丹亭。银屏山是巢湖境内的第一高峰，海拔约508米，四周山峦起伏，九峰环抱，宛若雄狮，故有"九狮抱银屏"之说。因为一株千年白牡丹，银屏山扬名海内外。银屏山的名字与山上的一块巨石有关，它色如白银，形似花瓶。银屏山上有个仙人洞，洞内怪石嶙峋，曲折幽深，洞口之上，距地面30米高的崖壁石缝中，生长着一棵1300多年的白牡丹，这就是"银屏牡丹"。银屏白牡丹是目前世界上唯一存活至今的野生千年牡丹，被称为"天下第一奇花"。因为花开的多少与迟早，

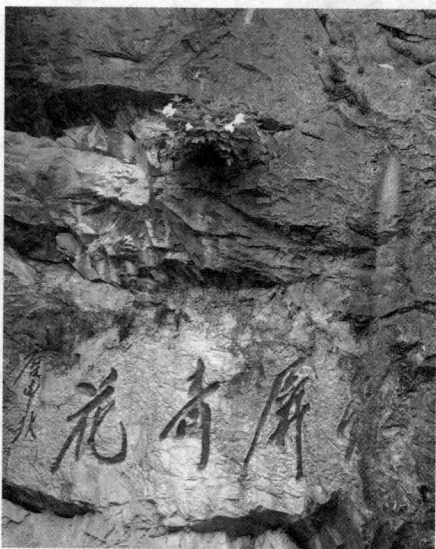

银屏牡丹

与气象有关，银屏山白牡丹又被称为"气象花"。据说，花开三朵以下并且花期短，可能当年有干旱；花开四朵则风调雨顺；花开五朵五谷丰登；花开六朵六畜兴旺；花开七朵以上且花期长的话，当年可能有大水。每年谷雨前后，牡丹花必盛开，洁白晶莹，娉婷多姿，引万千游客来此观赏，一睹其仙姿为快。北宋文坛巨擘欧阳修被贬任滁州太守时，在庐州太守李不疑的盛邀下游览了银屏风光，写下《仙人洞看花》：

> 学书学剑未封侯，欲觅仙人作浪游。
> 野鹤倦飞为伴侣，岩花含笑足勾留。
> 饶他世态云千变，淡我尘心落半瓯。
> 此是南巢招隐地，劳劳谁见一官休。

近些年，银屏牡丹花开的时间往往提前到4月初了，当地还以此举办牡丹花观赏节，吸引了四海宾朋。除了这株神奇的白牡丹，银屏山还有三棵千年古木，其中一株为九桠阔叶杨柳，一株柳树分九桠，也是天下一奇。另两株古木是长得枝繁叶茂的孪生楠木，楠木喜欢高温湿热环境，怎么会生长在银屏山，这又是一奇。

磐石山

　　灵璧磬石山，一石天下奇。有着"中国观赏石之乡"的灵璧，位于皖北平原，境内地势平缓，河流纵横，有十几座小山，高高低低，而每一座山都为喜欢石头的人们所好奇、向往。灵璧最有名的就是磬石山，磬石山距渔沟镇2000米，海拔114.2米。《尚书·禹贡》的"泗滨浮磬"以及灵璧县名的由来，都源于此。磬石山上有红土，当地人还拿它来腌鸭蛋。而磬石山所产的磬石，特别有名，由磬石所制作的编磬更是闻名于世。

　　在磬石山，还遗存了一处石雕佛像群，当地人叫石婆婆。这些造像曾有100多尊，雕刻在一块长16米、高2米的巨石上，其中还有铭文，按其记载，则是宋代至和三年（1056）雕制的。从磬石山上往西北走，地势趋低，远远地，可以看到一座碑亭，这是2004年当地为纪念"宋代采石坑遗址"而设立的。据记载，古时开采灵璧石的工具简陋，主要依靠人力挖掘、起运，开采范围也相对集中。杨树林立，杂草丛生，乱石堆砌，不少石头大半截子都隐没在土层中。由于年代久远，灵璧磬石山下这处将近千年的奇石老坑，几近淤平。

磬石山上的摩崖石刻

　　一马平川的淮北平原，突然就现出了嶙峋的山石，参天的古木。这就是萧县皇藏峪，宋代的苏轼亲临一游，近代的康有为也曾来此览胜。皇藏峪，顾名思义就是皇帝躲藏的山谷。皇帝避难过的地方，似乎就有些神奇了。后人也就顺水推舟，将原来的名字改为了皇藏峪。皇藏峪原来叫黄桑峪，是因为峪内长满了黄桑树而得名的，这个名字原本有着山野气息，也有着草木之香，但在历史上的一些人看来，不敌皇家之气显贵。公元前205年的那个春天，刘邦一路狂奔，藏到这片山林，躲过了一劫，可见当时就是谷深林密，难以穷尽。

皇藏峪的古树多到让人惊讶，步入皇藏峪，沿途可见动辄标注"树龄2000年"的铭牌。皇藏峪是国家森林公园，拥有皖北地区保存最为完整的原始森林，其天然森林达3000亩，其中有松柏、黄桑、青檀等树木146种，草药700多种。在平畴千里的淮北平原，有这样古木参天、郁郁葱葱的山林之地，实属罕见。皇藏峪海拔并不高，最高山峰海拔仅374米，其他山峰为100米到300米。依山而建的瑞云寺，始建于晋。瑞云寺原名黄桑寺，后也随山名改为皇藏寺，到了宋代，改成"瑞云寺"这样一个有着云气飘逸的寺名了。现在的寺门上，高悬着皖籍清代书法家邓石如题写的寺名匾额。瑞云寺石级层叠，寺内寺外，均有参天古树。寺旁，有两株距今2200年的青檀"鸳鸯树"。前院，一株银杏已有1300多年。天王殿的后院内，有三棵古树，分别为银杏、侧柏和黄杨，每一株树龄都在2000年左右。而在更高一处的院落中，则有四株古树同堂，最年轻的蜡梅也有1000多年。

山苍苍，水茫茫。公元1170年，诗人陆游由故乡绍兴出发，往四川奉节赴任的途中，经由宿松小孤山，阅览胜景后，在其日记中写道："过澎浪矶、小孤山，二山东西相望。小孤属舒州宿松县，有戍兵。凡江中独山，如金山、焦山、落星之类，皆名天下，然峭拔秀丽皆不可与小孤比。自数十里外望之，碧峰巉然孤起，上干云霄，已非它山可拟，愈近愈秀；冬夏晴雨，姿态万变，信造化之尤物也。"在诗人看来，江中所有的独山都是名闻天下的，但在峭拔秀丽上都不能和小孤山相比。

小孤山海拔不到百米，何以峭拔秀丽称绝呢？形态独特的小孤山原是江中石屿，始形成于200万年前第四纪冰川时期。它直插江心，不依不附，孤峙水中，山形如古代妇女的发髻，东看则像一支笔，西望如太师椅，与江西澎浪矶隔江对峙，与长江马当要塞互为犄角，古称"长江绝岛""海门第一关"。因地势险要，小孤山历来为长江水路军事要隘，是宿松乃至安庆的重要门户。南宋陆游登山游览时，小孤山即有戍兵。明朝曾在这里置有小孤巡检司，设关驻守。

独立于惊涛骇浪之中的小孤山，虽是弹丸之地，却一次次在烽火中成为兵家争夺的要塞。元代红巾军与余阙，明代朱元璋与陈友谅，王守仁与朱宸濠等均在此对垒交战。清咸丰九年（1859）十一月，曾国藩统率清兵水陆全军进驻宿松县城，并派宫保衔兵部侍郎彭玉麟、提督杨载复率水师沿江东挥师而下，夺取小孤山，进窥安庆，太平军则扼守太湖、望江，两军形成对峙局面。因久攻不下，不得已，曾国藩改变战略，移驻皖南祁门。

山下江水滔滔，山上竹木葱茏。小孤山上有启秀寺、梳妆亭、半边塔、御诗碑等古迹。坐落于半山腰的启秀寺，始建于唐代，北宋年间改为惠济庙，祭祀妈祖。唐代顾况，宋代苏东坡，明代刘基、解缙，清代朱书均来此游览，留下了许多脍炙人口的诗文和石刻。苏轼吟咏道："舟中贾客莫漫狂，小姑前年嫁彭郎。"苏诗中所言的"小姑"，即小孤的谐音。民间传说中将小孤山女性化，而将一江之隔的澎浪矶说成是"彭郎"，并演绎出小姑与彭郎相爱的故事。明代谢缙赞道："半空岩石架高台，过客登临此处来。佩玉尚闻仙子去，乘鸾疑见女郎回。澄江秋水明妆镜，绝顶云鬟绾髻堆。一望东南形胜阔，何须海上问蓬莱。"不去海上问蓬莱，因为蓬莱仙境就在眼前，就在横枕长江的小孤山中。

为兵家争锋之地的金寨县天堂寨和霍山铜锣寨，地势险要，易守难攻，前者号称"吴楚东南第一关"，后者有着"江北黄山"之称，古迹散落如星。天堂寨地处大别山北麓，主峰是大别山脉第二高峰，海拔1700多米，雄踞皖鄂两省三县。登临天堂寨峰顶，北可望中原，南可眺荆楚。天堂寨隋以前称为"衡山"，唐称"多云山"。据考证，天堂寨的第一座屯兵大寨、第一座烽火台为楚国所建。公元前570年，楚子重伐吴，克鸠鹚，就曾到过此地。南宋到民国期间，天堂寨屡屡成为兵家战略要地，发生过诸多战争。值得一提的是，天堂寨所在的金寨县，是全国第二大"将军县"，诞生过两支工农红军，曾是鄂豫皖革命根据地重要组成部分。如今的天堂寨，已成为国家级森林公园、国家级自然保护区，是中国七大基因库之一，拥有众多珍稀动植物资源。

同样属于大别山系的铜锣寨，地处大别山腹地，主峰海拔1096米。山名的来历，与汉武帝有关。公元前122年，汉武帝巡游至此，夜梦一轮明月化作铜锣，落在此山中，于是山就被称为铜锣寨了。铜锣寨山体如锣，孤峰耸起，怪石重叠，险峻异常。山中美景奇观星罗棋布，有九曲十八弯的大峡谷，有大小近百个洞穴，有遍布的奇松古木，有天然温泉，有巨石巧叠而成的南天门，有神秘莫测的"铜锣佛光"。另有古栈道、古战场、古寺庙、古墓葬、古石刻以及古民居等多处遗址。原有的山中古寨，今已不存，徒余石臼、铁刀等若干遗迹、遗物。民间有"铁打铜锣寨，纸糊六安州"的说法，传说明朝末年，张献忠部下攻打六安时没费太多气力，但在攻打居于险要位置的霍山铜锣寨时，却无法突破，最终不得不无功而退。

与天堂寨相邻的金寨燕子河大峡谷，属于大别山（六安）国家地质公园的一个园区，整个地质公园属于北亚热带湿润季风气候，四季分明，气候温和，被称为华东地区物种基因库，珍稀动植物在园内分布比较广泛。大约28亿年前，在地壳运动的作用下，扬子与华北两大板块发生猛烈撞击，从而孕育出了一道古老而又神奇的山脉，它宛如一条巨龙，雄踞于长江、淮河中下

燕子河大峡谷

游之间……这就是巍巍大别山，根据地质专家的研究可知，大别山（六安）国家地质公园是我国为数不多的集花岗岩地貌、构造地貌、火山地貌和丹霞地貌为一体的综合性园区。燕子河大峡谷虽然平均海拔在 600 米左右，但植物相当丰富，特别是植物所具有的酸性物质，与这里的变质岩相溶解，分解出有益植物生长的矿物质，很适于根系长在裂隙中的植物生长。燕子河与天堂寨一带，被称为华东地区最后一片原始森林，享有"植物王国""动物乐园""云雾的海洋""清凉的仙庄"等美誉。由于地处秦岭皱褶带的延伸，在江淮分水岭之中，物种资源极为丰富，汇集华东、华中、华北三大植物区系各种植物千余种。乔木、灌木，草本、木本，常绿的、落叶的，层层相依，浑然一体。

大峡谷中秀美的景色

燕子河大峡谷由于所处海拔比较低，所以植被很丰富，大别山区常见的植物这里几乎都有。在不同的季节前来，可以欣赏到不同的植物和花草。兰花隐藏在幽谷之中，清新的香气似有若无，想循着香气找寻，却遍寻不得。杜鹃花散落在峡谷两岸，每年 4 月，将峡谷两侧装点得鲜艳多姿，这里的杜鹃花以紫红色为主，另有白色和黄色的，专家提醒说黄杜鹃有一定的毒性。待到 5 月，杜鹃悄然退场，而大花铁线莲和野生猕猴桃的花逐渐绽放，散发出淡淡的甜香。燕子河大峡谷两侧的树木多为常见种，比如槭树、青冈栎、油桐、落叶麻栎、黄连木、化香树等。其他各种植物也多，比如杏香兔儿风、小叶马蹄香、鹿蹄草、神仙对坐草、血脉香茶菜、华中五味子等等。

燕子河大峡谷有个龙头景点，名为"天坑"。沿着石阶，攀到一处名为"小洞天"的地方，就闻到阵阵浓郁的花香，但望望林间四周，并没有发现什么特别的花朵盛开，不知这花香来自何处。过了"小洞天"，一股凉风袭面而来，一个接近椭圆形的巨大洞口呈现在面前，抬眼看上去，三面绝壁，仿佛刀砍斧削，正南面，一脉山泉仿佛从九天而降，飞落将近200米高的陡崖峭壁，而飞瀑落地的地方，则是长着厚厚青苔的岩石。飘落下来的瀑布，时而如烟如雾，时而如珍珠串线一般，又像是仙女随风飘舞，衣裙的一角，轻轻拂过这天陷之坑。不同时节，天坑有不同的奇特景象。据说，雨水充足的时候，天坑的瀑布，气势如虹，轰隆隆奔泻下来的水，如猛虎出山，不可阻挡，整个天坑水雾弥漫，世所罕见。而在冬季，"九天仙瀑"变成了奇特的"冰雪世界"，飞瀑下的冰雪层层累积，厚达几十米。在天坑西面的陡崖上，有两个幽深的洞窟，一大一小，一深一浅。大的当地人称"仙人洞"，这个绝壁洞窟整体上接近三角形，洞口长着一棵似乎永远也长不大的小树。

大峡谷天坑上空

关于这个绝壁洞窟，在当地民间，历来众说纷纭，有的说是神仙居住的地方，有的认为原始人或者是野人曾在洞里居住，理由是有人在洞里发现了石凳、木器，还有人的骨头。洞窟位于悬崖绝壁上，一般人难于攀登。据专家分析，天坑的洞窟岩性为变质岩，具体地说就是8亿～6亿年前的姜河片麻岩，有三组裂隙在此相切，历史上，水流特别大的时候，在重力崩塌作用下，可能将洞窟所在的原有的一块大石头冲了下去，此后，经过破碎、风化，洞窟就在比较软弱的节理的地方形成了。据介绍，在变质岩里，有着状如三角形洞口的绝壁洞窟是比较少见的。这类洞穴一般深度较浅，是岩石崩塌形成的，与常见的

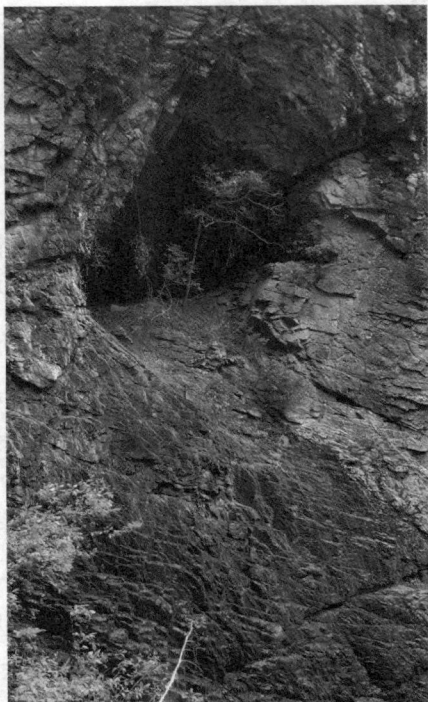

大峡谷天坑中的洞窟

喀斯特岩溶洞穴相比规模较小，但相比较而言，同为变质岩的庐山"仙人洞"，比它还要小。

那么，燕子河大峡谷的天坑是怎么形成的呢？是古人开采出来的，还是真的有神仙在此修炼？有人想到了可能是战争年代留下来的，因为在修大峡谷步道时发现有锈迹斑斑的枪支。还有人想到了可能是天外陨石落到这里砸出来的。如果是人工开采出来的，那么开采出来的石头运到哪里去了呢？又做什么用途呢？如果是巨大陨石飞落，应该可以在天坑附近找到陨石的。天坑的来源，一度让这里的山民不解。地质专家李益湘经过考察后发现，东西两面的绝壁岩性均为片麻岩，同时还发现有地质上的背斜现象。据介绍，背斜与向斜相反，是地层中一种上凸的褶曲构造，其核部由老地层组成。由此可判断，天坑是地壳运动遗留下来的，三组裂隙在此交汇，先是重力崩塌，

而后经风化剥蚀、流水冲刷作用，最终形成了坑深达280多米的天坑。号称"亚洲最大瀑布"的五台山云台天瀑，没有燕子河大峡谷的天坑瀑布落差大。而且天坑这里形成了环绕的回音壁，回音效果好。除了观赏性极强外，在成因、地质构造、环境、气候等方面，与全国其他地方所发现的天坑相比，燕子河大峡谷天坑有着许多独特之处。据当地人介绍，如果寻找水源的话，天坑与合肥人的饮用水有着一定的关系，来自天坑的飞泉流瀑，经由燕子河流向了佛子岭水库，最终是奔腾到合肥的董铺水库，然后进入了千家万户，也因此，被称为合肥的"源泉"。而当地人也开始有意识地保护这一天然的"源泉"，沿途不断提醒到天坑探险的驴友不要丢垃圾，不要破坏生态环境。此外，为了使得这一脉流泉不致枯竭，当地准备在海拔600多米的天坑山顶上拦坝蓄水，扩大山上原有的一个形如湖泊的天然山凹。

燕子河大峡谷的奇特还不仅于此。在通往天坑的路上，过七仙瀑不久，一块地势相对平缓的地方，生长着一棵奇怪的古树，当地人称它为"怪柳"。古树身上长满类似人耳的东西，这些"耳朵"一扇一扇地凸出来，如果用手轻轻叩击，会听到比较清晰的"咚咚"声。树下有一口浅井，井内有泉，汩汩地向外流淌。泉水澄澈，掬一捧饮下去，甜丝丝的，初感冰凉，继而温润，堪比杭州的"虎跑""龙井"二泉。地质专家认为，该泉水处于断层带上，水源补给来源于西侧山区，由于水位高于山谷下的溪流，在山谷陡坡上，泉水出露，因而推断为一个沿断层发育的下降泉，古树根部已经触及泉水，无论多么干旱，古树都能存活。泉边的这棵古树，树干极其高大，稍稍斜探着身子，然后便是着力向高空生长，而枝叶也就在云天中舒展开来，一眼望不到尽头似的。树冠如华盖般遮天蔽日，周围大小树木全部在其护翼之下，以至于老树的枝叶全被其他树木挡住，难识其真面目。精通植物学和中药学的安徽农业大学教授王德群考察后，认为这不是杨柳树。其学名叫枫杨，土名麻柳，属于胡桃科的一种。一般生长于海拔1500米以下的沿溪涧河滩、阴湿山坡地的林中，在长江流域和淮河流域最为常见。大别山人称它河柳，山东人叫平柳燕，汉中人叫麻溜子，也有叫燕子树、元宝树、蜈蚣柳的。一般20年枫杨即可长成大材，但绝大多数枫杨在50年后就停止了生长，60年便逐渐走向衰败，因此能够历经数百年风雨而依然旺盛的枫杨古树并不多见。而且类似这样奇特的树形也很少见。树干保持在里面，外面类似耳朵的东西，其实是气生根的一种特殊形态。枫杨很高大，对水分、光照要求都很高，因此主、侧根都很发达，在某些情况下，它会在树身上长出气生根来，这些气生根未能扎入土壤，所以形成了状若耳朵的形态。据专家分析，这棵枫杨生长在山坳里，山坳里有雾气，同时树边又有水源，这样的环境有利于它的生长，至于叩击"耳朵"能发出声音，则是共振的原因。

峡谷中古树身上长满"耳朵"

青山对峙，花香幽幽，置身在燕子河大峡谷中，让人神完气足。当一行人行走到被称为"梦幻园"的地方时，大幅大幅的"岩画"出现在眼前，随后步入的"忘情谷"，"岩画"更集中，也更变幻莫测。这些形状各异的花纹图案，像绸缎，像波浪……有的如国画山水，用的是皴法；有的则完全是抽象的西洋油画。这一段河谷，给人以出尘之感。有人称，这里是"毕加索画廊"。地质专家分析说，这些"岩画"其实是自然界的杰作，是地质上的褶曲现象，是挤压、变形、变质形成的，那些纹理其实就是黑色矿物和白色矿物相间分布造成的，有的是后期沿着节理充填新的矿物而形成的。燕子河大峡谷蜿蜒曲折，犹如巨龙潜藏。沿着狭长的河谷行走，人们会发现，有许多大大小小的石坑、石穴，坑穴的边缘都异常光滑，像是人为雕琢出来的。这些坑穴有的像眼睛，有的像脚印。而且，一些有着一星半点积水的坑穴表面，都泛着淡淡的红色。地质专家介绍，这些是淘蚀洞穴，是流水淘蚀以及新构造运动共同作用形成的。通俗地说，就是石臼，是水中带着的碎石，随着打旋的水流慢慢磨出来的。

从未有真龙腾飞的龙眠山，是"宋画第一"李公麟的栖居之所，也是清代桐城父子宰相的长眠之地。同样以桐城龙眠山为归葬之地的还有方法、方

龙眠山风光

印、姚莹、姚文燮、姚永朴、姚永概等历史名人。李公麟自号龙眠居士，曾出任宋朝的御史检讨，他擅长诗书画，尤以绘画著称于世，画马是其一绝。李公麟画马运笔流畅，多不设色，人称"白描"始祖。苏轼说："龙眠胸中有千驷，不惟画肉兼画骨。"李公麟在龙眠山栖居时，是否濡染了龙眠山的清灵之气而下笔如神？已无人知晓了。明代诗人许浩写道："大小二龙山，连延入桐城。山尽山复起，宛若龙眠形……"龙眠山路缓缓盘旋，巨型石头垛砌而成的山门上，雕刻着龙首图案。与龙眠山不离不弃的龙眠河，蜿蜒缠绕，腾跃于山谷中。龙眠山中有依山而建的"文和园"，"文和"是清朝宰相张廷玉的谥号，他去世后就归葬在龙眠山的一块"风水宝地"，墓坐西朝东，西倚"金交椅"，北傍"狮形地"。由墓地向东望去，视野开阔，气象万千。张廷玉的墓地距他父亲，同样做过宰相的张英的墓地不远，所以民间有"父子双宰相，归葬同一方"的说法。1966 年 9 月，"双宰相"的墓地都被炸毁了，墓地装饰物也遭到破坏。曾经风吹雨打，曾经战火熏燎都不曾毁坏，却最终未躲过人为肇祸。

执意要回故里的老宰相张英，是在清康熙四十年（1701）因老迈而致仕的。他没有在京城安度晚年，没有入住在县城的"宰相府"，而是隐居到龙眠山的双溪畔。退下来的老宰相似乎有意过起简约的生活，他不穿绸缎，也不吃什么山珍海味，往来山中都是步行，遇到挑柴人主动让路。平日里，除了读书、写诗外，还干些力所能及的体力活。沿着双溪河畔，他栽了一丛丛的松树，名为"万松堤"，颇有苏轼"白首归来种万松"的意味。羡慕张英归隐生活的康熙皇帝，还为双溪草堂题写了一副对联："白鸟忘机看天外云舒云卷，青山不老任庭前花落花开。"

张英在龙眠山中生活了 7 年，从不问当地政事，72 岁病故于双溪，并有遗嘱，让儿子张廷玉百年后也要归葬此地。张家还为后世留下了一段传颂百年的佳话，即桐城"六尺巷"。当时张英在朝廷为官，家人因为房子与邻居吴家产生纠纷，并修书一封给他，张英知晓后，写了一首名诗："一纸书来只为墙，让他三尺又何妨。长城万里今犹在，不见当年秦始皇。"张家接信后很快退让三尺地，而吴家见状，感动之下也让地三尺。一条六尺的巷子，不宽也不长，却彰显了中华民族历来倡导的互敬互让、和睦相处的优良传统。

八、天赐大湖

　　湿地被誉为"地球之肾"。这样的比喻，明显是将湖的功用切近到人体上，切近到与人关联的生活上，似乎只有这样的比喻才能体察其深。

　　有人还将河流比作泪痕，将湖比作大地的眼睛，这也都是与人有切身关联，亦便于意会湖的重要性的修辞方式。

　　湖泊是湿地的一种。湿地在全球范围内受到了特别的关注，各种保护的行动也越来越多。于地球而言，天赐了湖泊，就添了精气神，添了涵养。不得不由衷地叹服造物的神奇：在江河海洋之外，还要安放大大小小的湖，这里圈一个那里放一个。湖像是压缩版的海，较之于海，它的气势要弱许多，脾气也收敛不少；较之于江河，湖显得从容不迫一些。湖是兼收并蓄的，湖是荡漾活泼的，湖也是温情脉脉的。有湖的地方，总是有着霞光的。那种霞光，就是一种召唤，一种力量。如果从高空俯瞰，一个个湖泊就像是大地的一颗颗蓝宝石，又像一面面泛着银光的巨大的镜子。

　　在安徽境内，巢湖、升金湖以及白荡湖等，都是那样烟波浩渺，潋滟不可方物。

　　一座城，如果没有山河的气，就一定要有潋滟的光、飞鸟的身影。万古如新，声息相通，鸿蒙一片。再大的城，也需要气息。城以及它的子民，都仰着这气息吐纳、存续。拥巢湖于怀的合肥，是幸运的，也是幸福的。尤其是城中的人，可以迎着从湖面吹来的风，嗅到水草的气息，就连那姥山塔的残破风铃，似也能听得真真切切。作家莫幼群以比较文化的视野看待巢湖，他在《一座大湖和它倡导的生活方式》中写道："如果说欧洲的湖光山色像一幅比较平板的油画，往往一眼就能够看透，那么居华夏之中的巢湖，其风光就是一幅一眼难以看透的立体山水画，蕴藏着千回百转的神奇。"

天地之间，有湖如巢。巢湖是安徽最大的湖泊，面积达 800 平方千米，被誉为"皖中明珠"，与洞庭湖、鄱阳湖、太湖、洪泽湖并称为中国五大淡水湖。而成语"五湖四海"中的"五湖"，通常指的就是这五大淡水湖。

如果说巢湖是一个巨大鸟窝的话，汇入其中的一条条河流就像是一根根树枝。巢湖的水系发

巢湖晚霞（卓也 摄）

达，四周呈辐射状，自古号称"三百六十汊"，入湖的大小支流有 30 多条，出湖口又纳清溪河、西河等支流来水，经裕溪口注入长江。裕溪河古称濡须河，是一条古运漕河，巢湖唯一的通江水系。在巢湖水系的分布中，杭埠河、白石天河、派河、南淝河、烔炀河、柘皋河等主要河流，全来自西部及北部的山地，其中以杭埠河、白石天河、南淝河为巢湖水系的主流，约占整个巢湖流域面积的 70%；南部的河流更短，水量也小，有石山河、谷盛河、兆河、十字河、高林河等。合肥市民所熟悉的天鹅湖，其水来自十五里河，十五里河则发源于大蜀山东南麓，河水自西北流向东南，穿过合肥市蜀山区与包河区，与环绕整个老城区的南淝河一样，最后缓缓汇入巢湖。

巢湖南可截天堑长江，北可控"淮右襟喉"合肥，左与大别山形成掎角之势，右能威胁古都南京，军事地位历来突出，为"天下有事时必争之地"。从商汤放桀于南巢，到春秋战国时期发生在巢湖沿岸的吴楚鹊岸之战、吴楚

巢城之战，水战历史悠久。三国时期，曹魏与孙吴在巢湖流域发生诸多战事。在《后出师表》中，诸葛亮称，曹操"四越巢湖不成"，说的正是三国时魏吴在此四次交战情形。而魏吴之战，其规模之大、层次之高、水师之众，对历史影响深远。濡须口是濡须河上游出水口，居山临水，双方在此拼抢激烈。而真实版的"草船借箭"，也就发生在这里，不过借箭之人并非诸葛亮，而是东吴的孙权。《三国演义》里，关于曹魏将士的不擅水战，于"赤壁之战"一段有着精彩的描绘。根据《三国志》的记载和裴松之的注释，当年的曹操确为水战犯愁。建安十八年（213）正月，征战淝水之滨的曹操，与孙权对阵巢湖的通江水道濡须河。在关隘濡须河口，孙权早已构筑了森严的防御工事。曹操在此与孙权初次交战，即大败而走，不得不坚守不出。一天，孙权乘轻舟从濡须口闯入曹军前沿，窥视曹军阵营。孙权一行，轻舟而进，整肃威武，曹操喟叹："生子当如孙仲谋！"并下令弓弩手射击东吴船只，但万箭飞出后，却正中了孙权之策。《三国演义》里浓墨重彩所写的"草船借箭"，其真正策划人实为孙权，而且，这件事是发生在赤壁之战5年以后。

　　一个地方的久远与神奇，总是伴生着一些故事和传说，似乎只有这样，才能为这个地方增添一些底蕴和色彩。巢湖的开头，缥缈无踪。关于巢湖的来源，一直流传着多种版本。其中，自汉代以来，有个广为流传的神话"陷巢州，长庐州"，这在一定程度上反映了古人对巢湖地理特征的观察和思考。按照这样的版本，巢湖原本是片陆地，而邻近的合肥则是水乡泽国，因为剧烈的地壳运动，"一夕之间"两个地方一降一升，巢湖成了泽国，而合肥变成了陆地。在巢湖北岸，人们陆续发现了大量古陶碎片，不免让人猜想当初可能发生的天崩地裂。而据现代科学研究表明，巢湖当初确实是凹陷而成的，与合肥所在的大别山余脉江淮分水岭的隆起几乎同时发生。

　　地质学家将地球的历史依次分为宙、代、纪、世、期5个年代级别。各个年代级别中形成的岩层又分别相应地称为宇、界、系、统、阶。据研究，巢湖流域的地质构造单元，位于塔里木—中朝板块与华南—东南亚板块的交汇地带。这两大板块在1.95亿年前会聚，拼合形成了现代的安徽大陆，巢湖流域恰处于这两大板块的分界部位。燕山运动期间，整个侏罗纪、白垩纪（约1.96亿~0.8亿年前）巢湖流域以垂直断陷为特征，安徽省的西界到巢湖一带沉积了厚数千米的侏罗-白垩系地层。喜马拉雅期第三纪开始，巢湖一带进一步断陷，沿着一组北东走向和另一组北西走向的断裂、断陷，使大别山北麓的流水在这里受阻，形成了断陷湖。大约是第三纪末至第四纪初（500万～350万年前），湖泊面积较大。更新世晚期至全新世，约1.5万年前到现在，表现为大量泥沙不断流入湖中，湖水面积不断缩小，最终形成了现代的巢湖。现代卫星遥感技术测定，也进一步证实巢湖在1.5万年前就已经形成。

由于巢湖独特的古构造和古地理位置，早三叠世地层记录十分完整，各类化石也是最为丰富、序列最完整的，是早三叠世地层研究的经典剖面。巢湖北郊平顶山、马家山一带，晚古生代-中生代地层出露完整，层序稳定，沉积环境标志明显。特别是位于平顶山西南侧的中生代三叠纪地层，完整地保存了2.5亿～1.9亿年前地球生物复苏的丰富信息，拥有菊石、牙形石、鱼类、双壳类、爬行类以及大名鼎鼎的"巢湖龙"等多种化石。而且，平顶山西南侧地质剖面，已被国际地学界列为全球下三叠统印度阶——奥伦尼克阶界线层型首选标准剖面。

在从前的湖光山色中，古人的身影忽隐忽现。巢湖流域是古人类最早的发源地之一。30万年前，"和县猿人"穿行在茫茫的丛林之中；20万年前，"银屏智人"茹毛饮血；5300年前，凌家滩先民建立了"中国最早的城市"。从旧石器时代到新石器时代，再到铁器时代，从猿人到智人再到现代人，每一步的进化和发展，都是环环相扣又不断向前，巢湖灿烂的史前文明使得它在人类文明发展谱系上，有着清晰的定位和举足轻重的作用。

对于巢湖，《辞海》里是这样解释的：湖呈鸟巢状，故名。如果说当初是根据巢湖的形状来命名，那么古时候的人们不仅有着相当的地理知识，也有着诗意的想象力。夕阳西下，万鸟归巢，其景也壮，其情也暖。巢湖也就有了温暖的情感在里头。不过今天，对巢湖的名字由来，人们也提出了一些新的说法，比如，有的就认为与远古时期的"有巢氏"，以及后来的居巢国有关。在传说中，有巢氏、燧人氏、伏羲氏、神农氏，这四人都是上古时期的部落首领，他们各有开创之功：有巢氏筑巢，燧人氏钻木取火，伏羲氏发明了八卦，并教会人们渔猎的本事，神农氏遍尝百草，教人医疗与农耕。从安身立命的角度而言，从原始的山洞居住到建造房子遮风挡雨，这是人类实现家园梦想的一大跨越，身体有了安放之巢，心灵也就有了寄托，回家的路就不再那么漫长孤寂。上古之世，古人居无定所，饱受禽兽蛇虺荼毒，有巢氏受鸟类在树上筑巢的启发，率先用树枝和藤条在树上搭建房子，房屋的四壁和屋顶都用树枝遮挡得严严实实，这就是"巢居"。有巢氏领开化之风，人们感念其功，推选他为部落酋长，尊称他为"有巢氏"。此后他又因为功德被选为部落联盟的总首领，并被尊为"巢皇"。有学者认为，凌家滩可能就是有巢氏的部落所在，那个时候，每年的春天凌家滩都要举行规模盛大的祭天祭神活动，各部落首领汇聚在这里，用于祭祀的玉龙、玉璜等玉器摆放在祭坛上，巫师领着人们一次次叩拜……

有巢氏的后人巢父，曾是巢湖流域的部落首领，此后退隐成为一代贤士，并为后世所景仰，李白、杜甫和陆游等历代文人都有诗文歌颂。相传 4000 多年前，有圣贤之名的许由拒绝了尧的让位，并隐居到箕山，有一天碰到牵牛饮水的巢父，就把自己没有出仕的情况告诉了巢父。巢父批评他"浮游于世，贪求圣名"，许由听了惭愧不已，立即跑到近前的水池中掬水洗耳，表示愿听巢父忠告。而巢父则直接牵走了牛，说不能让脏水玷污了牛的嘴巴。在今天的巢湖市中心，有个地理名胜"洗耳池"，相传就是巢父牵牛饮水处。耳熟能详的成语典故"洗耳恭听"，也因此发端并传诵至今。

前世的巢湖，定义了一个古老的"城池"；今天的巢湖，又以大湖的名义，重新定义了一座城。当人们行走于巢湖，想象着充满睿智的巢父牵着一头水牛消失于历史深处的街巷，想象着有着谦谦君子之风礼让部落首领之位的许由，是以怎样一个寻常而特别的洗耳动作，留下了光芒四射的成语典故，怎能不感佩大湖的深厚人文！今天的巢湖东南坝镇，有一座名为"巢山"的小山，山虽不高，但左右众山绵延。南宋诗人陆游东归途中经巢山时，一口气写了两首诗。在大湖与一方水池之间，流淌着清亮的人文节气；在大湖与群山之间，吹拂着醇厚的诗风古韵。从古到今，巢湖留下了太多的诗词歌赋。巢湖民歌，山野村夫都会编会唱。相传早在史前，有巢氏于树上搭建房子时，口中所哼唱的，说不定就是巢湖民歌的雏音。

向岁月深处漫溯——原来，不仅有有巢氏、巢父、巢山，还有居巢国。居巢国，又称巢、南巢、巢伯国等，而巢湖，也被称为南巢、居巢湖等。夏商时，居巢国就已存在，《尚书·仲虺之诰》："成汤放桀于南巢。"夏朝末代国君桀被成汤打败，流放到遥远的南巢。此事当在大禹治水而作《禹贡》之后。到了殷周时，南巢得以延封，并且成为当时重要的一大方国。《逸周书》记载：周武王时，"巢伯来朝，芮伯作旅巢命"。其时，"巢"为伯爵之国。到了秦汉，此地置居巢县，后改巢州、巢县，今为巢湖市，区位在巢湖东南岸边。这一切的演变足可琢磨研读。是国以人而立，还是人以国为氏？不管怎样，以特定的"巢"作为姓氏、方国之名或者说人文符号，无疑是一脉相承，波波相接的。

巢湖流域物产丰富，又地处沟通淮河流域与长江的重要地段，历史上不乏刀光剑影，战争也一次次摧残着这片地域。清康熙年间《巢县志》记载："湖陷于赤乌二年（239）七月二十三日戌时。"这样的时间节点，正是曹操和孙权隔着巢湖对峙的20年后。这个陷落，如果确实的话，应该是湖边的一座古城。而"巢城陷"，就是关于"巢"这座城池的最后记载。根据目前考古发现，巢湖水下确有一座古城遗址。有人推测，这可能就是当初文明程度较高的古巢国所在。

不管是陷，还是长，从前的巢湖是影影绰绰的。今天的巢湖，已经从行政区划上属合肥市所辖，两者真实地合而为一，抱团发展了。合肥提出了"大湖名城"的概念，也在逐步地做实做活这四个字的内涵。巢湖已成为著名的旅游胜地，也是通江达海的航运要道，还是安徽省会合肥的重要供水水源地。巢湖水位，西岸高于南岸，南岸高于北岸，东岸最低。巢湖岸边，大城延展，风景日新月异。这是有形可见的改变。令人瞩目的还有兴起的有关巢湖地域文化的研究。有学者认为，巢湖有八大文化名片：中华民族发源地之一，中华古代文明发源地之一，中国古代三大玉文化发源地之一，中国居住文化发源地，中国军事文化的重要地区，中国三教合一之地，中国历代移民首选之地，历史文化名人（淮军重要将领、抗日将领）辈出之地。与此同时，"环巢湖文化圈"概念已经得到学界、政界等多个界别的关注和接受。历史学家翁飞认为，按照自然水系来划分，它应该泛指整个巢湖流域；如果按照行政区划，它应该包括合肥市、巢湖市两个市全部和六安市一部分（老市区及舒城县），约相当于清代安徽行省治下的庐州府（府治合肥，领合肥、庐江、巢县、舒城四县和无为散州）、六安直隶州本州（不含霍山、英山）、和州直隶州（领含山县）的范围。这样一个自然和人文地理上的区划，与目前经济地理上合、六、巢省会经济圈的区划，在很大程度上是不谋而合的。

自秦汉以降，直至明清，环巢湖地区人才辈出。楚汉相争时期的军事谋略家范增、九江王英布，三国时名将周瑜，明初被封为"两公两侯"的俞廷玉父子和廖永安兄弟，还有近代的淮军名将刘铭传、张树声张树珊兄弟、周盛波周盛传兄弟、唐殿魁唐定奎兄弟、刘秉璋、潘鼎新、吴长庆、聂士成以及北洋海军提督丁汝昌、北洋皖系军阀首领段祺瑞、民国时期著名的巢县国共三上将——冯玉祥、张治中、李克农，都出生于此，真可谓将星璀璨。

在中国五大淡水湖中，巢湖水师名将辈出，是其一大特色。由于巢湖的地缘和水利因素，这里成为屯兵和训练水师的好地方。三国时期，周瑜为居巢长，练兵于巢湖，至今还有都督山等遗迹。元朝末年，各地起义风起云涌，居巢人俞廷玉父子和廖永安兄弟在巢湖姥山岛建水寨，修船塘，训练水师，以保护乡里。这支水军不断壮大并成为水上劲旅。当时统领起义军的朱元璋一度苦于没有水师，而俞氏父子和廖永安、廖永忠兄弟主动表示归附，一夜之间，朱元璋实力大增，拥有1000多艘大小战舰和一支强悍的水师。正是这支水师，在裕溪口将元军打得落荒而逃，然后帮助朱元璋拿下采石矶，并顺利过江，一举攻克南京。此后，这支作战勇猛的巢湖水师军，又分别战败陈友谅的鄱阳湖水师和张士诚的太湖水师，为明朝建业立下了汗马功劳。500年后，当清廷内忧外患之际，巢湖流域再次兴起一支部队，那就是淮军，淮军的兵员及将领主要来自江淮一带，所以称为"淮军"。李鸿章在巢湖中庙集聚兵勇进行编练，庐江籍的丁汝昌、吴长庆、吴赞成、刘秉璋、潘鼎新，肥西籍的刘铭传，正是从这里走向了疆场。淮军曾是清王朝的主要国防力量，是中国军事近代化的前身。李鸿章也正是凭借淮军势力，逐步掌握了清廷外交、军事和经济大权，成为晚清政局中的重要人物。值得一提的是，1949年解放战争中，最先于4月20日夜突破长江天堑的我中路大军，就是由巢湖进军，然后取道无为过江的。事前，中路渡江大军在巢湖开展了水上练兵和实战演习活动，为了把隐蔽在巢湖和内河的船只秘密地开进长江，部队和船工经过10多天的日夜挖掘，挖出引河，抢渡战船陆续悄悄地驶到了江边。

有人发现，巢湖流域一带的地形酷似一条巨龙：它头枕巢湖烟波，尾掀长江碧浪。四顶山是它的龙头，面向着合肥，高高昂起；姑姥二岛是龙的双眼，映着碧水蓝天，闪闪发光；黑石嘴是乌黝黝的龙嘴，在泱泱湖面汲水吐浪；仙人洞、紫微洞、华阳洞、白石洞是四个龙爪，左右分开，前后对称；100多千米长的湖滨大道——太湖山一线，是龙的整个脊梁，时起时伏，连绵不断；天门山是龙尾，伸到长江，随浪起伏，摇摆不停。令人称奇的是，这条巨龙，不仅身边有形似展翅的凤凰山相伴，左右有龟山、蛇山相陪，而且四周有马山、牛山、羊山、鸡山等众小山相拜，龙尾还恰好有"两虎"（即称为"大虎山"的东梁山和称为"小虎山"的西梁山）在长江天门守卫，真是妙绝天成。

水波荡漾，地灵人杰。巢湖又是南北文化的交融之所，历代贤人高士层出不穷，上古高人许由、巢父在此隐居，并留下"洗耳池"这一人文胜迹；周灵王太子乔在紫薇山修道，王乔洞也因他而闻名；欧冶子入冶父山铸剑，该山因人而名；西汉文翁入蜀办学、百世流芳；东汉大科学家王蕃制浑天仪，撰《浑天图记》《浑天象注》，为天文学发展做出了杰出贡献；魏晋时期，庐江何氏一门学者辈出，名重一时，私家著史，成效斐然。到了近代，由于中西文化的激烈碰撞和社会的急剧转型，又涌现出一大批具有民生意识和近代眼光的知识分子，像"庐州三怪"（王尚辰、徐子苓、朱景昭）及其留下的诗文，还有蒯德模、蒯德标、蒯光典兄弟父子及其《蒯氏四种》，以及吴保初、刘体仁、吴旸谷、倪映典、朱蕴山……

湖中有山，山中有水，水天相连，风光旖旎的巢湖，吸引了李白、苏东坡、陆游、姜夔、罗隐等等。巢湖姥山，"白银盘里一青螺"，四面环水，如同一粒青螺浮于水中。姥山岛海拔105米，面积有0.86平方千米。岛上有座文峰塔。据说当地曾流传着民谣"姥山尖一尖，庐州出状元"，明代庐州知府严尔圭为了验证此谣，于明崇祯四年（1631）建塔四层，后因农民起义而辍工，到了清光绪四年（1878），在洋务大臣李鸿章的倡捐下，该塔得以续建而成。最终建成的塔共七层，八角，高51米，133级，塔内砖雕佛像802尊，题刻石匾25件。登塔凭窗远眺，但见水天一色，远山岚影缥缈，鸥鹭帆樯齐飞。

姥山岛为巢湖水上天然避风港和水战停泊处。岛上旧称"南塘"的地方，为元末时抗元将领俞通海、廖永安等率水师屯寨姥山时所修。山腰，望湖而建的圣妃庙，祭祀主湖女神，始建于晋朝。唐代诗人罗隐、宋代词人姜夔等所吟咏该庙的诗作，镌刻于廊柱上。姥山岛上有20多处奇洞，大的能容纳100余人，小的可藏20~30人，洞内钟乳怪石琳琅，十分险妙。与姥山岛相伴的还有两座礁岛，在碧波之间若隐若现，一为鞋山，在巢湖中心；一为孤山（姑山），与姥山遥遥相望。传说"陷巢州，长庐州"时，焦姥的女儿与焦姥一道通知乡邻，女儿先焦姥一步奔走，跑丢了一双鞋子，终又被洪水吞没。后来，鞋子化作一对鞋山，女儿化作姑山，焦姥最终化作姥山。母女相望遥遥无期，万顷波涛诉说着断肠般的母女亲情。所以姥山又称母山。而巢湖，也因焦姥被称为焦湖。种种传说，使得巢湖愈发显得神秘幽妙。

三面青山一面湖。巢湖流域有低山、丘陵、河谷、湖滩、圩田，在连绵不断、起伏不平的地区，分布着众多的矮小山陵。像黄麓的西黄山和苏湾的东黄山，"黄山三百六十洼，洼洼有人家"，峰峦山洼间多有泉水，以致历代都有移民跋涉而来，择巢湖善地而居，最终形成了巢湖独特的移民古村落和

巢湖银鱼（卓也 摄）

147

地域文化。至于沿岸的湿地，如滨湖湿地，人们可以在连绵不断的树影里漫步；芦溪湿地，穿过一大片菰和苇，可以沿着铺满白贝壳的沙滩，走向清浅的水中；烔炀湿地，树林、草地、沟壑、浅滩水草，一直延伸到宽阔的湖面；龟山湿地，成百上千株柳树挺立在水中。八百里巢湖，是神奇的，更是美丽富饶的。巢湖中庙，凌空映波，香火旺盛，素有"南九华，北中庙"之说；巢湖沿岸，青山罗列，洞窟幽深；巢湖银鱼，洁白如银，滋味鲜美，有着"鱼类皇后"誉称。如果说巢湖是大自然赐予安徽的瑰宝，那么湖鲜则是安徽人餐桌上的佳肴美味。

作家赵焰曾在《巢湖是个杂鱼锅》一文中写道："巢湖像个杂鱼锅，那是就食物的丰富性而言。也的确，巢湖方圆八百里，因地质下沉形成，湖大水浅，里面上百种鱼虽不算珍稀佳肴，却是可口诱人。"合肥有巢湖，这是安徽省会得天独厚的优势。在水天一色的大幕下，这座城市的人可以徜徉于湖畔的林荫道上，可以做文艺的先锋，喝着咖啡，翻阅着厚厚的书籍，甚至也可以什么都不做，只是向湖而立，神游冥想。无论做什么，看什么，有巢湖这样的水景，就有了诗意生活的可能。来到巢湖，眼望着这湖山胜迹，想象着那些山高水长一样的先贤，数千年前的风流奔涌到眼前。一切都是自然的，一切也都是人文的；一切都是过去的，一切也都是当下的。

与巢湖相比，池州境内的升金湖，一直寂寂无闻。两座湖都系着长江，这也是有别于内陆湖的所在。因为有水道与长江直接相通，升金湖的水位也就随着江水涨落起伏。旧时因为洪水，长江里的大量鱼苗流入升金湖，渔产颇丰，遂有"日产升金"之说，升金湖的名字也是由此而来。还有个传说，说的是一个打鱼的后生，在升金湖上设法救出了一只被网住的小白鹤。这白鹤是只仙鹤，得救后以满湖的鱼虾作为答谢。后生每天打的鱼卖的钱逾千金，升金湖由此得名。

在秋冬以及春初的枯水季，大片沼泽地、湖滩显露出来，成为另一道风景，透着清淡与平和。升金湖湖区面积达 132.8 平方千米，地形曲折迂回，深藏浅露，湖水清澈如镜，周围自然植被繁茂，绿树成荫。在生态危机凸显的今天，升金湖受保护的鸟类，尤其是濒危种类，在国际上也有了很大的名气。据说，升金湖有 7 项指标达到国际重要湿地标准，而只要一项达标，就可以进入国际序列。

目前，升金湖是国家级自然保护区，亚洲重要湿地，被称为"中国鹤湖"，每年10月，就有170多种、10万只候鸟在升金湖越冬、繁殖。目前世界存有15种鹤，中国有9种，而升金湖就发现有4种，分别是白头鹤、白鹤、白枕鹤和灰鹤。

升金湖

站在升金湖边，长时间地与湖对望着，视野里有许多或翔或止的身影。鹤给人的感觉总是很清高的，清高而绝尘。升金湖最大的精彩，就在于群鹤蹁跹时。它们是仙者之尊，生命之灵。也可以说，它们身上有着这片湿地的精气神。而对于人类，鹤骨子里似乎有意地保持着距离。进入湖区的人，只要稍稍靠近，它们便灵敏地振翅而起，在空中划出美丽的弧线来。

鹤是一种神奇的鸟，有着生命的苍凉和邈远气息。"云是鹤家乡"，鹤是孤傲的，远在云端而避开人烟，也正是这样，才有了仙气、灵气。对湖里的生命，升金湖是最熟悉不过的。它和它们相依为命，它给它们以湿气，而它们给它以灵气。在一切波动、消耗、繁殖的生命活动当中，升金湖懂得了隐忍、淡定。当最后一抹余晖终于暗淡时，湖，鸟，岸，村庄，土公路都迅速地藏进了夜色，万物归寂。几颗星星闪烁着清辉，于苍穹之上默默地注视着大地。有一种神奇的呼唤声，由远而近，自近而远地传递着。一只鸟艰难地飞了起来,哗,哗。好像是只白天鹅。它从湖心飞起,向南而去,那边有山的脊背、树的发梢、草的肌肤。

当长江浩荡而下,进入安徽第一站安庆后,长江沿岸尤其是北侧的湖泊,明显多了起来。白荡湖是其中较大的一个。长江曾经发生过乾坤大挪移,白荡湖就是长江古河床摆动,废弃的河床洼地积水成湖的。白荡湖是滨江县城枞阳境内最大的淡水湖,吸纳着罗昌河、钱桥河和麻埠河等多条河系,发挥着很好的防洪灌溉、调节气候等作用。它北及浮山,南为破罡湖,西连竹子湖,东接章家赛,并且连通长江。明清以来,众多船只由湖入江,商贸繁荣,白荡湖成为水上航运要道。由于湖水清澈,碧波荡漾,所以被称为"白荡湖"。这里盛产的大闸蟹,个大,味美,远近闻名。白荡湖成为枞阳水产的重要基地。

枞阳白荡湖

枞阳白荡湖（谢思球　摄）

人与湖相依相生，这构成了文明和历史。能依着湖生活的人，得益于湖的多重馈赠：湖有丰富的物产，给人们的生活提供生存基础；湖还以水天景色，充实着人们的眼睛，涤荡着人们的心胸，满足精神层面的需求。当人的眼睛触及湖水的那一刹那，思绪很容易被带进湖水的深处或者一片空蒙之中。5000年前，逐水而居的先人，就在白荡湖畔安营扎寨，渔猎耕作。当时的人们选择湖畔的高地居住，而临湖的这些高地，被人们形象地称为"嘴"或"墩"，像乌石嘴、楂树嘴、史家嘴、大神墩、何家墩、汪家墩等等。一代又一代，人们临湖而生，绵延生命。而湖里的世界，与岸上的世界，只有和谐地交融着、共振着，才能形成能量巨大的生命场。曾经的白荡湖，遭到疯狂围垦，湖面从99.67平方千米锐减为39.6平方千米，随之而来的，是湖畔的人们疲于应付各种新出现的问题。此外，因为水位的下降，白荡湖所相依的浮山，再也难见"山浮水面水浮山"的奇特景观了。人与湖，只有各安其所，才能相互给养。生命的本意，不仅仅在于繁衍，还在于维护生态平衡。

位于黄山与九华山之间的太平湖，尽管不是自然生成的大湖，但在人们的潜意识里，已经把它当作群山之间宛若天成的一颗明珠。安徽省曾经提出"两山一湖"发展战略，这"一湖"指的正是太平湖。太平湖有着"地球上最纯净的绿色家园"之誉，这里明净清爽，生态绝佳，自然风光优美，历史底蕴深厚，李白、杜荀鹤、罗隐、理学家朱熹等骚人墨客，曾往来于此。崎岖山路上，屈原踽踽独行，谢朓竹杖芒鞋，李白且歌且饮，朱熹寻道问理。轻漾的湖光中，倒映着中国文化的巨子。

据当地文物部门介绍，太平湖还有一处新石器晚期到商周时期的遗址，即众家山遗址。这个遗址有1万多平方米，因为遗址为众家山山脉一高坡地，所以就取名众家山遗址。1970年，这里的陈村水电站建成蓄水，遗址大部分被水淹没，但在枯水季节，遗址就会露出来。考古人员在这里发掘采集了数量众多的石器和陶器等。除了众家山遗址，太平湖一带还有李家山遗址、祥符高山坡遗址、杨家岭遗址、恐龙蛋化石遗址等。让人们惊奇的是，在太平湖最宽阔的茫茫水面之下，竟有一座古城，这座古城从汉武帝元封二年（公元前109年）就开始有建制了。据说，明代这里曾有一个规模宏大的毕府，府中藏有许多稀世珍宝。太平湖龙窑寨至今还保留着一个明末清初的龙窑，依山而建，长48米，一窑可烧上千件精品陶器。据了解，太平湖水域烧制的陶器在5000多年前就有了，如红陶、灰陶等"软陶"。在商周时期，这里就烧制硬陶了，秦汉时期出现了釉陶。

太平湖湖滩（项丽敏　摄）

太平湖最宽阔的水域，位于太平湖的中游，白鹭洲就处在太平湖的中游。站在白鹭洲的岸上，朝对岸望去，但见阳陵山在雾气中若隐若现。阳陵山相传是汉窦子明隐居炼丹的地方，他最终在此得道成仙。有仙气的山，看起来似乎就有着那么一股特别的气息，晴天里阳陵山是一片空蒙的青色，太平湖也是青青如纱笼。太平湖最上游的渡口乌石渡口，与最下游的浮溪渡口，相距80多千米。太平猴魁的产地就在太平湖下游离浮溪渡口不远的猴岗村。

距太平湖不远，有文风隆盛的杜家村、苏家村，这里风景秀丽，人才辈出。岭下苏家村坐落于青山环抱之中，黑瓦白墙，错落有致，一条小河从村中缓缓流过，山村虽小，名气却不小，一代才女苏雪林就是从这里走出，并卓立文坛的。苏氏家族发脉于四川眉山，为宋代文学家苏辙的后裔。500多年前，苏家世祖苏继芳做铜陵县令时，相中岭下这块三面环山一脉溪流的宝地，便定居在此。民国初年，苏雪林祖父苏运卿辞官返乡大兴土木，并在这里兴办私塾。少时的苏雪林，在这里度过了快乐的时光。"湖山好处便为家"，最终离开太平湖的苏雪林，在文章里写有这样湿润心灵的妙句。

曾经的城池和秘密被湮没了，风流人物逐渐隐退到历史的幕后，新的风景奇妙地在原地产生了，游人往来如织。这样的时空转换和命运交错，真叫人感喟。阳春三月里，杜鹃花和野樱花面湖而立，一簇一簇地盛开着，安静的姿态却掩饰不住它们热烈的气息。

水波潋滟的太平湖，若是在晴好的傍晚时分，显得一派平和与静谧；四周的山，像有意地围起来，拱卫着这片湖区。在枯水季节，湖水会浅许多，大片的滩涂裸露着。湖中残存的古老的青石墓碑，越来越多地出现在视野里，上面的字迹隐约可辨，墓碑和墓穴像一片枯萎的树林，连接着湖水，无数的生命消融在了青山绿水中。湖滩上还散落着大量的浑圆的石块，呈现着天然的色彩、花纹和水磨痕迹。

当夜色像渔网一样迅速地笼罩上来，湖深处黝黑黝黑，似乎潜藏着无数的宝贝和秘密，又似乎有无数的眼睛诡秘地注视着不速之客。深夜里，一只小舟划到了岛边，船上的人顶着雪亮的头灯，在浅水区起网捞鱼，鱼儿扑腾着，捣碎了水面的光圈，碎光点点，惹人心怜。晨曦中，水汽氤氲，太平湖一带的山影影绰绰，如水墨画勾勒出的浓淡远近的意境。

153

九、别有洞天

  安徽大地潜藏着许许多多奇妙的"洞天"。千百年来各种各样的洞窟，谜一样地吸引着人们寻访，哪怕遭遇不测也要深入其中探究一番。似乎，在人们的想象里，洞窟中就应该藏着什么宝贝或者说有什么世外高人隐居着，或者有巨兽一样的动物潜伏着。地球有着太多未解的秘密，更是将记忆和秘密留在了自身的深处，如果从人类探索奥秘的角度而言，探秘洞窟主要还是为了了解地球本身，尤其是地下结构。地面以下几十米乃至上百米的各种洞窟，不失为观察和探测地球内部构造的窗口。阿基米德说，在宇宙中给他一个支点，他就能把地球撬起来。而对于地质专家而言，给他一个地质洞窟，他就可以把地球看得更清晰一些。

  紫薇洞是一个令人遐想的洞府。它位于巢湖北郊，号称"江北第一大洞"。紫薇洞的名字颇有诗意，跟它所在地方紫薇山有关，其实紫薇山并不是一座山，只不过是一处方圆百十平方米的土丘而已，

巢湖紫薇洞

紫薇山上生长着十几株垂柳，树下是青草绿地。这样的景象看起来普普通通。但紫薇山的名字还是让人联想到紫薇树，大概早些年这里是有许多紫薇树的。在中国，紫薇树的栽植历史有几千年了。如果紫薇山上有紫薇树，紫薇树下潜藏着紫薇洞，那真是一幅妙趣横生的图画呢。

紫薇洞还有个名字，叫双井洞，是因为洞内有大小两个天然如井状的出口。显然，这个名字就没有紫薇洞好听了。紫薇洞总长有3000多米，主洞长达1500多米，洞体宏阔，结构繁复，景观奇特。与一般溶洞不同，紫薇洞是典型的地下河型洞穴，常年受地下河的冲刷而形成了廊道式溶洞，洞穴呈廊道状，岔洞盘绕着紫薇山，纵横交错。让人意想不到的是，曲折悠长的紫薇洞地下河流，通过岩洞，直达巢湖。而巢湖之所以有浩荡的水面，源自这些地下地上的水流常年汇聚。

紫薇洞近旁的王乔洞，则富有人文气息。相传春秋时代周灵王的王子乔，因为直谏而被贬为庶人。他曾来到这里修道，最终得道成仙，他修炼时所在的洞窟就被称为"王乔洞"了。这个名字可见有着纪念意义。而在东岩壁上的洞口，保存有明嘉靖年间所刻的"王乔洞"三个楷书大字。王乔洞是座天然石灰岩溶洞，全长仅55米，面积约200平方米，洞不长也不大，但王乔洞最特别的地方，在于它是安徽唯一一座拥有摩崖石窟造像的洞窟，雕有南北朝石刻佛像620余尊，多数集中在洞口附近。令人遗憾的是，除了一座观世音像完好无损外，大多数佛像的头部被破坏了。观音两边立有弟子，观音的莲花座下饰有大块的云纹。在众多佛像中，还散见着虎、马、狗等动物雕像。由于石灰岩钟乳发育较快，洞内的石雕上已经蒙上了一层薄薄的钟乳石。另外，石壁上还刻有石碑6块，最早的为北宋绍圣二年（1095）所刻，其次是明嘉靖和隆庆年间的，清代也有几块，但刻记的内容不外乎是游记。

因王安石《游褒禅山记》而名声大噪的褒禅山位于含山县，褒禅山的景观首推华阳洞，华阳洞深1600米，"洞中有洞，洞里有河，河上泛舟，洞洞相通"。华阳洞属于喀斯特石灰溶岩洞群，整个洞群分前洞、后洞、天洞、地洞。后洞又称"碑洞"，即王安石当年的探访路线，这里移步换景，幽深绝妙。距华阳洞口百余步处，遗留有"古碑仆道"。前洞广场为青石板铺就而成，广场中央立有一尊手持"万言书"的王安石塑像；前洞口的右前方，于清澈见底、终年不涸的清潭之中，伏着一只白龟，这就是"白龟泉"景点。据记载，当年慧褒和尚在华阳洞修炼时，偶得一只白龟，并在此泉池中放生，事后就将此泉改称"白龟泉"。自那之后，每年的农历四月初八佛家放生日，褒禅寺的和尚们都要到此泉水中放生。洞口左方有"华阳洞"字样的石碑，这是王安石的手迹，是从王安石的老家江西临川"王安石纪念馆"拓印来的，字体为行书，既刚健苍劲又俊美秀丽，可见王安石的书法造诣也很深。洞口右上方生长着数株千年青檀古树，由于生长在裸露的石灰岩山体上，树根外露，古朴苍老，宛如天然盆景。目前野生天然青檀林全国仅有三处，褒禅山是其中之一。洞口左侧又有一股清泉从石缝涌出，即"有泉侧出"。褒禅山的泉水终年不竭，这也是褒禅山的灵气所在。洞口的石壁上留有历代古人的石刻，字迹依稀可辨。

含山华阳洞

如今游人逆王安石当年游洞路线而行，踏上一座汉白玉小桥，由前洞进入。进洞10多米，首先乘船"天河泛舟"，上岸后洞道曲折幽深，四壁钟乳千姿百态，有"莲花倒影""织女晾纱""莲台瀑布""美人涌出""梦笔生花"等等。再往前，就来到王安石当年最后抵达的地点"荆公回步"处。绕过洞中"蓬莱图库仙岛"，便来到洞中最大的"灵霄宫"大厅，此厅垂直高度约20米，厅内能容纳200余人。出此大厅，拾阶而上，便是当年王安石笔下描述的"窈然"之"穴"，即后洞出口。放眼望去，满目青翠，杂树万千。出洞后，沿着王安石当年行走的"大唐古驿道"下行，约1000米可到"褒禅寺"。这就是王安石《游褒禅山记》一文中所提到的"慧空禅院"。唐贞观年间，慧褒和尚云游至此，见古木参天，山色清幽，龙女泉、白龟泉等大小泉水流泻如玉，起云峰、鳌鱼岭等大小山峰如列翠屏，遂结庐于此，并竭力兴建褒禅寺。圆寂后，他的弟子将山名改为褒禅山。褒禅寺自唐以后，历代均有修建，寺庙、庵堂不断扩大，高僧云集，香客往来不绝。到明代永乐年间，褒禅寺达到鼎盛时期，庙宇达99间半，寺庙、庵堂、香火田占地数十里，东起华阳洞，西达昭关口，有"跑马关山门"之说。遗憾的是，"文化大革命"期间寺庙被毁，今天所见到的褒禅寺为后来重建。

此外，距华阳洞以西五六里处还有3个溶洞，一为"罗汉洞"，一为"仙人洞"，还有一个叫"私姑洞"。罗汉洞相传是一位高僧修身之处，高僧终年盘坐洞口潜心修炼，长此以往，洞口石壁上便留下深深的半圆形头颅印迹。仙人洞距罗汉洞约800米，有两个洞口可以进入，洞口狭窄深邃，非腰系绳索不能进入洞内，但洞内十分开阔，可容上百人。据说太平天国时为避战乱，许多逃难的人曾藏身于此。太平军兵败后，散兵游勇曾用烟火熏死藏于洞内的百姓，洞内曾发现大量古钱币和多具遗骸。私姑洞距褒禅山南3里处，洞口在险隘绝壁之中，其下平旷。说起私姑洞，还有一段与牛郎织女差不多的凄美的爱情故事。相传一位美丽的仙姑爱上了当地一位勤劳善良的小伙子，并私自下凡来到人间，与小伙子常在洞中幽会，并私订终身。玉帝知道后，棒打鸳鸯，情郎仙姑天各一方。仙姑常年思郎，泪湿衫襟，而私姑洞自此便流出汩汩泉水，如同仙姑涟涟眼泪，终年不绝。

1978年大旱，宣城水东镇附近的农民到处寻找水源，终于在碧山脚下发现了堵塞有数百年的龙泉洞。龙泉洞形成的时间相当久远，据专家考证，该洞约形成于300万年前。整个洞窟状如葫芦，洞内还有一块如龙蟠的巨石。

龙泉洞的"龙"字大概就源于此吧。龙泉洞是灰岩溶洞,洞内曲折幽深,怪石嶙峋,石钟乳、石笋、石柱、石帽遍布。历史上龙泉洞就是一处旅游胜地,至今洞壁上还保存有历代游人题词28处,由于年长日久,多数已辨认不清。有一面壁上,刻着南宋开庆元年(1259)徐士鸿的题诗:"层层怪石几千年,曲折幽通趣自然。应有神龙腾云变,一逢春到满人间。"

清代学识渊博的周赟,在形容家乡山门洞时赞道:"天下之奇山门有,山门之奇天下无。"早在宋代,科学家沈括游历后,也是惊叹造物之神奇,他写道:"溪水激激山攒攒,苍岩腹封壁四环。一门中辟伏惊澜,造物为此良有源。"奇绝的山门洞,是宁国市文脊山众多洞府中最出众的一个。文脊山系石灰岩形成,山中怪石林立,有"大小七十二洞",其中灵岩、龙潭、紫云、枇杷、涟漪、朝阳等六洞备受游人青睐。灵岩即山门洞,首个开发山门洞的,是东晋太和年间名士瞿硎,他途经此地,见山林叠翠,洞窟深幽,便决定在此隐居,他选择紫云、朝阳等洞窟修炼、读书,其间大司马桓温三顾请其出仕,他坚辞不就。死后,瞿硎就归葬在此地。后人为纪念他,就将山门洞更名为"瞿硎石室",并特意刻石铭记。至唐贞元年间,洞旁开始建寺,宋治平年间赐号"灵岩寺"。此后,灵岩寺香火旺盛,文人雅士接踵而至,吟咏题诗较多。

山门洞为一天然洞窟,高10米,宽17米,石壁削立,豁然中开。由山门洞进入,行不多远,可涉足紫云洞、朝阳洞等洞窟。紫云洞位于山门洞的右侧,洞前建有瞿硎祠,祠前有一棵高大的古树,相传为瞿仙亲手所植,一树三花,人称瞿仙树。紫云洞内宽敞如屋,上到洞顶可见石形澡锅,故而紫云洞又名澡锅洞,据说澡锅里以前总是有热气腾腾的水,也有人在里面沐浴更衣。从紫云洞口向西行不远,即到朝阳洞。这个洞一室三门。西边有一个小门,如石洞窗户,透过石门可见苍翠的文脊山峰。从南门进入洞内,可见后壁上勒有"洞天峰月"四个大字。晴天夜晚,月亮西沉,落在文脊山峰顶的西边,而峰顶的月影又正好映在洞内的瞿硎石上,这就是有名的"洞天峰月"景观。洞中还有个石盆,从钟乳石上落下的水正好滴入石盆。夕阳洞与朝阳洞也是相通的,从朝阳洞内向西北行十数步,即可以走入夕阳洞。距山门洞内左侧三十余步,即为枇杷洞,洞内高深,与前山涟漪洞相通。涟漪洞洞口宽敞，洞内泉水潺潺而流，即使是干旱年份，这里的泉水也没有断流，而炎炎夏日，当地山民还喜欢来此纳凉歇息。枇杷洞的名字，顾名思义，与枇杷有关，而在古时枇杷洞口就有枇杷树，只是后来不知所踪。枇杷洞口前左侧有一块巨石，形似蹲在山腰的狮子，狮首微侧，名为"狮子岩"，可惜后来因为过度开采而倒塌了。狮子岩后则为凿铁庵遗址。明代著名理学家，时任宁国知府罗汝芳曾在这里建有一座亭子，他曾多次与王阳明的大弟子钱德洪来凿铁庵讲学，并到亭中闲坐赏景。在山门洞众多石刻中，山门洞北石壁上的"云光"二字，以及朝阳洞石壁上的"凤鸣"二字，即出自罗汝芳之手。

唐代文学家罗隐曾游历山门洞，并写下《题山门》：

> 灵岩一窍何年凿，混沌初开有此门。
> 采药仙人何处去，山中不改旧乾坤。

清代宣城诗人施闰章写有《书山门石壁》：

> 石扇开横岫，春阴入杳冥。
> 地寒云树古，峰挟寺门青。
> 移榻分林洞，流泉出户庭。
> 前山看不极，招手接瞿硎。

山门洞外长有 9 棵高大的银杏树，银杏树参天蔽日，像是忠诚的卫士守护着山门洞，也以浓浓的绿意将山门洞衬托得更加古朴苍郁。

广德太极洞曾湮没失闻达数百年之久，直到 20 世纪 80 年代，才得以探索、开放。太极洞是目前华东地区最大的天然溶洞，素以"神秘、优美、宏伟"而著称。在明代文学家冯梦龙的《警世通言》中，"广德埋藏"（太极洞）与"雷州换鼓""登州海市""钱塘江潮"，并称为"天下四绝"。

这一处天下绝胜，其历史的源头异常久远。根据地质专家推断，太极洞的洞体形成于 2.5 亿年前，洞内景观则是在 1000 万年前孕育而成的。从远古而来的太极洞，呈现给世人的，当然也非泛泛之流可比。太极洞是一座庞大的地下溶洞群，全长 5400 余米，已开放面积 14 万平方千米，大小景观 700 余处，分旱洞、水洞两部分，大洞套小洞，忽狭忽宽，忽温忽凉，忽陆忽水，深邃莫测，像一个巨大的迷宫，瑰丽而奇妙。赵朴初游览后题道："真仙境，天上与人间，洞里乘舟银汉迥，登高怪石俨黄山，奇绝冠尘寰。"正因为集全国溶洞精华于一身，民间甚至有"黄山归来不看山，太极游完不看洞"之说。

广德太极洞

当自然界的万物"撞上"人们的想象，再平凡的景象也就有了人文色彩，何况太极洞里鬼斧神工！洞中钟乳林立，石幔、石笋随处可见，有似覆钟，如悬磬，如关，如柱，如莲，如金刚，如仙人，令人叹为观止。太上老君、滴水穿石、槐荫古树、仙舟覆挂、双塔凌霄、金龙盘柱、洞中黄山、万象览胜、太极壁画、壶天极目，它们被称为太极洞"洞天十大奇观"，这些名字无不透露出人们的诗意想象。

各种传说和故事，像一股股云烟，萦绕在太极洞的历史上空。据说西汉末年刘秀曾逃此避险，南宋岳飞曾在此大战金兀术，朱元璋攻打金陵时在此屯兵，乾隆下江南时来这里下过棋。唐代李白、韦应物来此探访，太极洞内还保存有宋代政治家、文学家范仲淹，以及明代万历年间刑部侍郎吴同春的碑刻，"蹬然岩"便是当年范仲淹留下的手笔。

1985年12月28日，在太极洞太极天壁上，发现了一处碗口一样大的洞口，烟雾不时涌出，投石入洞，如坠深谷。次年进行探索，发现了4件古陶残片、1 具雄鹿头骨化石和数十件古脊椎动物化石。经过鉴定，该洞为 10 万年前人类活动的遗址，而鹿则是 10 万年就已灭绝的葛氏斑鹿。当年，还在一处水洞中发现了一条地下河流，不知源头，也不知尽头。有人猜测，太极洞的水可通太湖。

"河源为远"，最初的东西，总是难觅其踪，也难以捉摸。但有一点可以肯定，那就是无论是哪里的水，都来自于自然，复归于自然，由小而大，由大而小，无穷无尽。"滴水穿石"是太极洞里的一处生动景象，也是提供给教材的一个真实案例，启示着人们不可忽视水的力量。

太极洞外有上下两湖，湖水清澈，砚池湖中，有范仲淹挥毫明志的小亭一座。两湖之间是以长堤相连，恰似长长的鼻梁，因而这两座湖被人称为"眼镜湖"。每到春天，上游湖水顺势而下形成飞瀑，倾珠泻玉，激荡心灵。太极洞位于皖苏浙三省交界的石龙山内。石龙山既有原生态的美，也散发着人文的魅力。景区内有竹海、茶园、板栗园，盛产葛根、木瓜、白术、香菇、竹笋等土特产，山上绿树繁茂，香草遍地，乘坐索道可以俯瞰景区全景，但见远处狮子山起伏连绵、威武雄壮，近处阡陌纵横，农舍连片。山上遗有摩崖石刻、岳飞古战场遗址等。

花山谜窟

如果说广德的太极洞是成名已久的"洞天福地"，新安江畔的花山谜窟，则是洞窟家族的"新宠"。在屯溪东郊，新安江南岸，有一片小山，这就是花山。小小的花山，一派祥和静谧，就在青山绿水中，却隐藏着巨大的谜团。

20世纪末，在花山5000米的山峰中，人们发现了36座神秘的洞窟石窟群，后来因为其中有许多古怪难解之谜，所以人们称之为"花山谜窟"。目前已发现的石窟遗址面积达7万平方千米。

花山谜窟，又称为"古徽州石窟群"。与国内外一些著名石窟不同的是，花山谜窟并非天然溶洞，而是由古代人工开采的规模宏大、形态奇特的石窟。

花山谜窟的难解之谜在于，如此大规模的人工开采石窟，而且又处在新安文化的中心地带，竟然在历史上没有任何资料记录。

花山谜窟并不像一些著名的石窟那样拥有壁画和佛像，不仅没有任何文字资料，在当地的民间传说中也难觅其踪。最初是从什么时候开始开采的？当初为什么要开采？为什么选择花山开采？这么大的工程是何时完工的？开采的石材最终去了哪里？又是哪些人在这里开采？对于这样一个规模庞大的工程，为什么史志里只字未提？这一切的一切，至今还都是个谜。

走进花山谜窟，可以看到里面的空间很大，有的洞中套洞，有的石柱擎天，石窟高大，石柱粗壮，看起来气势不凡，玄妙奇巧，可谓国内罕见。在洞壁上，还清晰地保留着凿痕印记，仿佛花纹一般。如此巨大的工程全是古代人工所为，令人感到不可思议。

花山谜窟最主要的景点在35号窟，又称地下宫殿，口小洞大，穿过引洞后，眼前豁然开朗，这里有着26根长约10米的石柱、36间"石房"，石墙厚薄不一，最薄处仅10厘米厚，此外还有一些深潭，清澈见底，常年不涸。据说，仅这里所采的石料，不下几十万立方米，如果用来铺成1米宽的石板路，可以从黄山一直铺到杭州。

关于花山谜窟的由来，有人说这里是越王勾践伐吴的秘密战备基地，也有人说这是三国时孙权屯兵和储备兵器的地方，还有人猜测这里是地下皇陵。在民间，更多的人猜测，这里是通过新安江运输石材到徽州各地乃至省外的采石场，等等。此外，还有花石纲说、方腊洞说、临安造殿说、青铜器工具说、徽商囤盐说，等等。

根据对石窟里出土的西晋釉陶等文物进行考证，专家们认为，花山谜窟开掘的时间，距今至少有1700年的历史了。但也有人提出，这些石窟并非某一朝代某一时期一次性完工的，而是在漫长的历史过程中逐渐开掘出的，最初可能是用来采石，后来人们将这里当作避难、屯兵、储粮的场所。猜测多多，都是因为至今还未发现有关花山谜窟的历史资料。一切的猜想，看起来言之凿凿，但都难以自圆其说。

花山谜窟自发现和开发后，海内外的人们投来了好奇的目光，探险解谜之人络绎不绝，而旧谜尚未解开，新谜又不断冒出。

群山倒影在太平湖水中，风从水起，微风拂过湖面，万千绿树摇曳相和。湖山之间，水汽氤氲，名扬中外的"太平猴魁"绿了又绿，千亩的香榧林蔚然壮观。神仙洞就坐落在"太平猴魁"的发源地——新明乡樵山。樵山是黄山的延伸山脉，平均海拔700余米，终年云雾缭绕，是全国第二大香榧林所在地。樵山上有一棵千年的香榧树王，远观如金字塔形状，树干高约14米，覆盖面积达1亩多，至今仍年产百余公斤果实。樵山神仙洞旁也有一株千年香榧树，树高12米，覆盖地面约1000平方米，距地1米处长有20多支分桠，因为长在神仙洞旁，所以被称为"神仙榧"。神仙榧每年也结出许多的果实，相传乾隆下江南时路过太平，当地以此树果实奉上，乾隆品尝后觉得风味独特，相当可口，便将此定为贡品，"贡榧"由此而得名。"千年香榧三代果"，营养丰富的香榧子在民间被称为"公孙树"。有些地方在新娘出嫁时，特意将香榧子染成红色后，与花生、玉米等一起装进"子孙袋"，寓意子孙绵延，到新郎家时可向亲朋好友、邻里乡亲发放这些果实。

樵山宝物多多，无疑是一处风水宝地，潜藏于山中的神仙洞自然充满了神秘的意味。樵山神仙洞是黄山地区唯一天然形成的地下钟乳石溶洞，而且是"黄山自古曾为海"的一处历史见证。黄山樵山神仙洞有南北两个洞口，全长3200米，曲折回环，地势高低不等，宽窄不一，溪水蜿蜒，层层相叠，游人至此，如入迷宫。神仙洞洞体宏伟，景观奇特多变，有的恍若黄山胜景，有的如传说中的仙境，加之常年云雾缭绕，更具有神秘的气氛。根据洞内的景观特点，人们形象地将其分为"昊天宝塔""王母瑶池""老君宫府""山水壁画""水帘洞府"等五大景观。神仙洞地质形成年代久远，根据景区发现的一些迹象和周边发现的恐龙蛋推测，可能属于恐龙时代，即侏罗纪或白垩纪时期。神仙洞内拥有亿万年前的巨型化石，至今还不清楚是什么远古动物所形成的。此外，这里还有一种奇特的水中倒影，即使是专业摄影人员，也无法将它拍摄成像。

同样位于皖南的石台县溶洞群，东傍黄山与太平湖，北邻佛教圣地九华山。在地质构造上，石台属于喀斯特地貌，现已探明的溶洞就有109个，堪称安徽"溶洞之乡"。目前，石台溶洞群省级地质公园主要由蓬莱仙洞、慈云洞和鱼龙洞三个岩溶洞穴景区组成，并且，蓬莱仙洞、慈云洞和鱼龙洞是洞穴沉积的典型代表，几乎汇聚了自然界岩溶洞穴的各种沉积类型。这个岩溶洞穴风格迥然，各有奇趣：蓬莱仙洞气势恢宏，景观奇绝；慈云洞钟乳集中，琳琅满目；鱼龙洞幽深莫测，水景交融。这三个岩溶洞穴中尤以蓬莱仙洞最为有名。

蓬莱仙洞天丝

蓬莱仙洞与其名字十分恰切，它坐落于石台县仁里镇杜村，而杜村是晚唐著名诗人杜荀鹤的故乡。杜村是一个四面环山的村庄，绿树掩映中缓缓流过一条清澈的山溪，安逸恬静仿若世外桃源。当年隐居于此的杜荀鹤，乐于在此闲坐垂钓，以排遣心中的愁苦与不甘。杜荀鹤有没有到访临近的蓬莱仙洞，不得而知。杜荀鹤曾10多次上长安应考，却屡屡榜上无名，不第后还是回归于清明的山水之中。终于，他在45岁考中进士，却又因为时局动荡没有好好一展抱负。杜荀鹤最终的归葬地仍然是这片山水。在他留下的诗歌作品中，描写隐居山林生活的为数甚多，其风格质朴自然，秀逸清寂，与生养他的这片山水不无关系。自然与人文的呼应真是神秘不可测。蓬莱仙洞旁仿佛就应该有这样的一个人物出现，杜荀鹤的出现与归去，于历史的长河而言是短暂的，于山水却是永恒的。

青山不老，仙洞深沉。蓬莱仙洞是一个石灰岩溶洞。大约4.5亿年前，这里是一片汪洋大海，后来，由于地壳运动，海水下降，陆地崛起，溶蚀成现今的洞体和千姿百态的钟乳石。据初步考证，洞体的形成距今已有9000多万年的历史。蓬莱仙洞内佳景遍布，气势恢宏。它全长3000余米，总面积两万多平方米，分天洞、中洞、地洞、地下河四层结构，结构复杂，曲折回环。地洞中有三条淙淙不绝的地下河，有形态各异的巨石，有9米多高的巨型钟乳"落地金钟"，宏伟壮观；中洞钟乳石成群，有的如物，有的若人状，惟妙惟肖；天洞险峻陡峭，景观往往是柳暗花明，让人惊喜异常。整个洞窟尤以巨幅山水壁画、白色透明的罗纱帐、碧玉般的石花、洁白晶莹的天丝"四绝"著称。1987年，时任中国佛教协会会长的赵朴初欣然为蓬莱洞题名。著名书画家赖少其游览后，也高兴地题赠了墨宝。

赵朴初题名的还有池州的"大王洞"。大王洞又叫穿山洞，这两个名字据说都与后汉刘承钧有关。他以"汉室正宗"自居，称"忠祐大王"，率十万大军与赵匡胤激战，后败退至秋浦青螺山一带（今贵池区牌楼镇穿山村穿山畈），陷入绝境，在危急关头，从当地一个村庄窜出一条白狗，随后天降狂风暴雨，白狗化作巨龙朝青螺山撞去，青螺山被洞穿，刘承钧绝处逢生，跳脱了宋兵的包围圈。这一带也就留下了穿山畈、穿山村以及穿山洞的地名，穿山洞又因为护佑了刘承钧，而被称为大王洞。这样的传说当然比一般的地质介绍要有趣，而大王洞却因为与历史人物有关联而被后人传诵。

大王洞的有名，还得益于北宋庆历年间的滕子京。而滕子京的有名，与范仲淹不无关系。滕子京曾任泾州知府、岳州知府等职，因范仲淹的一篇《岳阳楼记》而名垂青史。滕子京曾被贬为池州监酿御酒，携家眷迁居池州青阳县，并归葬于青阳抱珠墩。在池州任职期间，滕子京游览了当地诸多的山水名胜。也正是这个时候，他到了池州西南处的大王洞探访，并写下了一首诗《题穿山洞》："洞户千年叫不开，白云无主自徘徊。只因种玉人归后，一闭春风待我来。"诗人纵然放怀于山水之中，却又流露出很高的自负与期待。

白云悠悠徘徊在洞口之上的天空，千年的秘境被诗文的灵性之光穿透。与滕子京同游大王洞的还有梅尧臣，梅尧臣做过建德（今东至）县令，是北宋有名的诗人、文学家。在大王洞，梅尧臣作《和滕公游穿山洞》，以诗唱和滕子京。梅尧臣乘兴吟道：

> 洞口水石浅，潺潺泻绿蒲。
> 缘溪进岩窦，阴黑人境殊。
> 中言有物怪，蟠蛰春来苏。
> 霖雨虽有意，风雷莫肯扶。
> 风雷自鼓荡，不久当何如？
> 欣幸禅林近，钟梵来有无？
> 回策历幽径，衣香草露濡。
> 老僧长松下，麋鹿与之俱。
> 溪云时见起，山鸟自相呼。
> 美尔得兹乐，何用劳形躯。

大王洞内的景致到底如何呢？这是一处由大天潦、小天潦和大王洞三洞呈"丁"字形组成的巨型溶洞，主洞总长 2200 米，由"天桥奇观""神仙河谷""大王洞府""大王湖"四大景区组成。站到洞口就能感受到扑面而来的清寒之气，洞内明明暗暗，给人以如梦如幻的境地体验，石径高高低低，行走其间不时要与洞顶亲密接触。沿途所见钟乳石，有名的没名的，形形色色。

一路伴行的是水声不绝于耳的地下河，或跌宕成瀑布，或缓缓流深。往来题诗的人，或已驾鹤远去，此地的胜景，依然惹得春风度来。大王洞外，是一山间盆地，盆地外沿，就是诗人李白一见倾心的秋浦河。河畔的一块巨石，曾是昭明太子闲坐垂钓之处。

坐落于皖江北岸的枞阳浮山，拥有大量的火山岩洞，据记载共有岩洞108处。这些岩洞系两度火山爆发后形成的胜景，洞尽即岩，岩穷即洞，星罗棋布，堪称奇观。入山不久，即可到达滴水洞。滴水洞入口处，两旁石壁森严，若斧削成。壁顶张开约1米，可望浮云如白缕，故称此地为"一线天"。行数步，跨小桥，沿石壁而入，即是滴水洞天。洞高约26.5米，纵横约200平方米，形状如海螺直立，当顶一窍见天，中衔巧石如珠，因名"龙口衔珠"。造型奇巧，神工天成。距滴水洞不远的另一处洞窟九曲洞，又名金谷洞，位于金谷、选佛岩之间，深邃莫测。明代文学家钟伯敬曾举火入洞。据他所记，每侧身过一小门，即豁然开朗，走过四弯四门后，因地中寒气逼人而退出。传说该洞穿过滴珠岩，直通金鸡洞，全长有数里之遥。据地理学者考察，浮山在火山活动期，因熔岩流穿过地下，突破石壁，形成九曲长洞。

浮山是明代思想家、科学家方以智的故里，他从小就在浮山长大，并在此读书研习，此后他还因为避世为僧，做过浮山华严寺的住持。位于妙高峰壁之半，有洞如虹，即长虹洞。方以智为此洞题名，可惜年代久远，石刻难以辨别了。长虹洞狭长，宽仅2米，长9米，洞前林木交横，洞口浓荫掩映。长虹洞旁还有一个剑谷洞，洞名也是方以智所题。从晚翠岩出发，沿胡麻溪上行，右侧山半有两洞相连。两洞是方以智的儿子，同为理学家的方中履意外发现的，并用其旧居庭园中结成连理的杞、枫二树，将其命名为"连理洞"。南洞石顶正中有悬泉如线，左角有水，自石缝中流出，其声如琴。北洞右侧又有一洞，名为"仙隐洞"。

在潜龙峡西北，与枕流岩隔峡相望的便是浮山有名的朝阳洞了。尽管很有名，一般游客却鲜有寻访。因为这个岩洞高踞石壁之上，距离地面有几十米高，前临深壑，而峡谷内荆棘丛生，道险难行。洞的右侧有巨石如屏，这就是人们所说的"凤仪石"。朝阳洞又名阳明洞，是因为这个洞口的南侧石壁上，以行书刻写了王阳明的两首题咏浮山的诗：

> 见说浮山麓，深林绕石溪。
> 何时拂衣去，三十六岩栖。
>
> 见说浮山胜，心与浮山期。
> 三十六岩内，为选一岩奇。

　　一个深谷高壁上的普普通通的岩洞，因为有了这两首题诗，便熠熠生辉。事情的缘起还是在九华山。当王阳明在九华山游历时，不止一次地听僧人与门徒说起浮山胜景，特别是听说浮山有三十六洞、七十二岩，不免心向往之，并欣然写诗，期待一游。

　　如果王阳明后来隐世不出，巢居九华度过余生，或许九华乃至安徽更多的山水，都能留下他的踪迹、题咏。只是，行色匆匆的王阳明，连九华也没有待下去，浮山之行更是落空。即使身临浮山近地桐城练潭，也没有转道而去，可见钟情山水的王阳明，终究还是没能彻彻底底地出世——居江湖之远，仍忧庙堂之事。

　　浮山或有幸，要感谢那些在一代大儒面前游说的桐城生高上舍、王元卿、张甄山及其门生吴一卞诸人。一向推崇并敬重王阳明的张甄山，在浮山与贵池之间开堂讲学，当张甄山从门人手上获得王阳明题写的浮山诗作后，便特意让门生吴一卞刻在浮山的朝阳洞中。这是一个"捡漏"，也算是为王阳明弥补了一个遗憾。

　　"齐山洞天"曾是池州的十景之首，到了明代则与"九华之胜"齐美。齐山以岩溶地貌为主，遍山都是岩、洞、石、壑、泉、峡。漫步其间，如行画中，千丛怪石犹如天然盆景。晚唐会昌年间，池州刺史李方元倡筑齐山湖翠微堤（今齐山埂），并在齐山浚洞剔岩，刻石勒碑。据北宋王哲所著《齐山洞天记》记载，齐山拥有华盖、九鼎、石燕、无底等七十二洞府。

　　从齐山门坊进入山中，经地藏王脚印、瑞芝石等景点，攀登云梯，过了云梯便是响板洞，洞左有响鼓台，洞后有玉箫峡，风进石洞，发出吹箫之声。沿峡边而上，到翠壁横峙的独秀岩，再经九顶洞，来到岳飞广场。如果从齐山麟趾石拾级而上，经乌龟洞，过石门要塞，呈现在眼前的是一片幽谧的山谷盆地。这一带可说是齐山洞窟集中之地，"齐山洞天"的精华所在。在众多洞窟中，以主洞华盖洞最有出彩。它与石燕洞相通，经疏通又与莲子洞相连，三洞一体，组成洞府小天地。华盖洞的洞厅敞若宫殿，左右分别有两个通道，右通石燕洞，左连莲子洞。莲子洞在华盖洞北30米处，齐山最东边一个山头名雨山南麓，古时自成一景，如今已与华盖洞、石燕洞连成一体。华盖洞外，花木扶疏，四季飘香。

凤阳的韭山洞，与其所在地韭山可谓相得益彰。韭山又名九山、鸠山，以"九"命名显然是古人偷懒，数数有九座山峰就叫九山了。而以"鸠"来取名，似乎表明这一带曾是鸠鸟翔集的地方。不过，这两个名字都没有"韭山"来得有乡野气息，尽管这也是就地取材。因为地暖，这里疯长许多野韭，山也就被叫作韭山了。韭山是一处国家地质公园，除韭山洞外，还拥有卧牛湖、狼巷迷谷、禅窟寺和观音庵等景区。韭山洞因韭山而得名，位于韭山东南麓，而韭山的西麓也有个洞穴，名为泄水洞，两洞悄然相通。

韭山洞的地质形成史也非常久远，它大约形成于5亿年前，这一溶洞也是喀斯特地貌的代表，并被《水经注》所记载。韭山洞内有着温和的气候，常年流水不绝。唐代曾有许多人入洞寻奇探幽，至今洞内石壁上还刻有当时的题诗。由于生态环境好，每年6月初，韭山洞一带会出现大量的桃花水母。桃花水母的神秘面纱和翩翩舞姿，吸引了省内外的游客前来探秘观赏。

韭山洞主洞长1400多米，侧洞与北山的蝙蝠洞相通，长约4000米。韭山洞共有虎踞龙盘、摘星揽月、峡谷幽深、清流碧影、玉溪泛舟等五大景观。洞中所形成的石幔、石钟乳造型奇特，惟妙惟肖。因为地势的险要，历史上这个地方多次被当作藏兵之地。南宋时抗金英雄王惟忠率9万兵勇据山抗金，韭山洞就是他们的驻军之所，由于当时洞内行走不便，士兵们就携带磨盘石将路铺平，从而形成了一条磨盘古道。当时他们还在山上垒石为城，至今当地还遗存有石垒城、石鸡亭、七里大寨等古战场遗址，洞右侧有石阶可攀缘而上。元末朱元璋也曾据山洞屯兵，并收编了当年华云龙等农民起义军力量而南下滁阳，一统中国，建立了大明朝。

大凡有山就有洞，但在某种意义上，山中有洞存在着偶然性。于地貌而言，山中有洞是地质构造与地质运动使然；于景色而言，山因洞窟而增灵秀之美，并因此显得更富有内蕴和神秘色彩。

十、诗文山水

　　有人说，把安徽的"徽"字解开，就有人、文、山、水。

　　天地之间有大美。也许你热爱皖南的容颜，也许你倾心皖北的土地。而行走江淮，你会发现，山水皆有可观。山水之间的行吟歌颂，是自然的礼赞，也是生命的歌唱，更是心灵的放飞。

　　状物写景，借景抒情，寓情于景，缪斯的光芒一直照耀着这片土地。写就安徽的歌词诗赋，宛如浩浩荡荡的江河，奔腾流淌，最终归于中国文学的海洋。而安徽，或是造化有幸，成为众多千古绝唱的滥觞之地。

　　安徽的山水，是怎样进入了诗文的天地呢？

　　这里是中国最早的长篇叙事诗《孔雀东南飞》故事发生地，是建安文学的发源地，曾涌现出众多本土诗人，也曾吸引众多诗人文豪来访，诞生了数不胜数的名篇，比如李白的《望天门山》、杜牧的《清明》、刘禹锡的《陋室铭》、欧阳修的《醉翁亭记》、王安石的《游褒禅山记》，以及李清照的乌江霸王祠诗咏《夏日绝句》，不一而足。哪一篇不让人耳熟能详呢？这些诗文散发出来的光芒，伴随着山河的光影，滋润了一代又一代人的文化心灵。

　　"渌水净素月，月明白鹭飞。郎听采菱女，一道夜歌归。"李白的诗歌光耀着池州的秋浦河。全长180千米的秋浦河，柔美静谧，河水静静地滑过山间，仿佛时间也静止了一样。

　　从唐天宝八年（749）开始，李白在12年里"五到秋浦"，留下45首诗篇和众多传说，其中《秋浦歌十七首》，在某种意义上已化为秋浦仙境之魂。

李白写秋浦的白猿："秋浦多白猿，超腾若飞雪。牵引条上儿，饮弄水中月。"

写秋浦的水："水如一匹练，此地即平天。耐可乘明月，看花上酒船。"

写秋浦的夜："渌水净素月，月明白鹭飞。郎听采菱女，一道夜歌归。"

写自己"照镜"秋浦："白发三千丈，缘愁似个长。不知明镜里，何处得秋霜。"

在李白写就的秋浦河众多名句中，名为《炉火照天地》的这首诗，除了给人以美的享受外，还有着史料价值。李白写道："炉火照天地，红星乱紫烟。赧郎明月夜，歌曲动寒川。"诗歌描绘了冶炼工人月夜冶铜的场景，反映了安徽沿江地区冶铜历史的久远。

秋浦河原名秋浦江，地跨祁门、石台、贵池三地。上游红凌河发源于祁门山脉的大洪岭，由南向北经祁门县的雷湖、城安等地入石台县的横渡，过香口街北流，经石台县城在矶滩入贵池境内，经高坦、殷家汇等地蜿蜒曲折转向东北，绕秋江圩南部过杜坞在池口入江。

由于历代文人骚客到秋浦河访胜后留下了数以万计的诗文，尤其是李白的颂扬，秋浦河被誉为"流淌着诗的河"。在唐代，不仅仅李白、贾岛、李商隐、孟浩然等大诗人纷至沓来。

早在东晋时，往都城建邺（今南京）赴任的陶渊明，途经钱溪（今梅龙镇）小憩，即有感而发：

> 我不践斯境，岁月好已积。
>
> 晨夕看山川，事事悉如昔。
>
> 园田日梦想，安得久离析。
>
> 终怀在归舟，谅哉宜霜柏。

陶渊明最终挂冠而去，归田隐居。南朝梁武帝的长子萧统，曾被立为皇太子，去世后谥号昭明，生前他极喜秋浦河风光，常在秋浦河边垂钓，更是喜欢吃秋浦鳜鱼，还赞誉秋浦河为"贵池"。五代十国的后唐，据此将秋浦县改为贵池县，并沿用至今。秋浦河岸边的"昭明钓台"，也成了全国"十大古钓台"之一。昭明太子在池州期间，曾放粮救灾，接济百姓，并邀约文坛名士，对先秦至梁的诗文辞赋进行选录，后编成《昭明文选》。这是我国最早的一部文选。在池州傩戏中，昭明太子被尊为"案菩萨"，为池州人所供奉。此外，当地还建有昭明太子庙等，以纪念这位南朝文学家。

杜牧在池州任刺史期间，踏遍池州的山山水水，留下了几十篇脍炙人口的诗文，其中《池州清溪》写道：

> 弄溪终日到黄昏，照数秋来白发银。
>
> 何物赖君千遍洗？笔头尘土渐无痕。

杜牧的诗歌，承接的是杜甫的余绪，寄情山水，豪迈可见。秋浦河畔的贡溪，是晚唐诗人杜荀鹤的家乡。秋浦河岸的大演乡，则是明末文学家、复社领袖吴应箕的故里。秋浦河的水滋润了一颗颗文心。

河是唐诗之河，村是千载诗人地。池州的杏花村，因一首诗而名扬天下，也引得历代文人墨客留下诗词歌赋题咏千余首。

那是一个春雨绵绵、杏花如雪的时节，池州刺史、晚唐诗人杜牧寻访杏花村，写下了清新明快、朗朗上口的诗篇《清明》：

> 清明时节雨纷纷，路上行人欲断魂。
>
> 借问酒家何处有，牧童遥指杏花村。

这是一首中国人再熟悉不过的诗歌了。古老而清丽的杏花村几度兴废，唯有这首诗，如一股清泉，一直流淌在人们的心里。

齐山北接太平湖，南连九华圣地，西处秋浦仙境，与池州杏花村仅一步之遥。齐山靠江近湖，清新明丽。颇有雅兴的杜牧，特意在齐山西巅建造了一座亭子，亭名就取自李白写秋浦的诗句"开帘当翠微"。秋来雁飞，杜牧与诗友张祜登上齐山，入翠微亭观景，饮酒赋诗，并写下佳作《九日齐山登高》："江涵秋影雁初飞，与客携壶上翠微。尘世难逢开口笑，菊花须插满头归。"

北宋至和年间，身为池州知府的包拯，接洽专程从京城赶来报喜的两位好友，并陪他们游览齐山。包拯在池州任上，勤于政事，理怨断疑，为当地百姓办了许多实事，备受称道。即将还朝任职的包拯，这一次与好友登山，大概也正是借此抒怀。齐山有10多座小山峰，山峰近乎等高，唐贞观年间曾任池州刺史的齐映，在当地政声颇佳，也曾登临齐山游览。包拯在游览过程中，听闻齐山人文历史，心有戚戚，应友人之邀，欣然留下墨宝，题写了"齐山"山名。这两个大字笔力遒劲，雄劲刚健，被镌刻在齐山的寄隐岩崖壁上，至今清晰可辨。除了包拯的题字，历代名人雅士来齐山，留下了众多的诗文墨宝，齐山曾有石刻200多处，目前仅存百余处。齐山摩崖石刻成为齐山的一大亮点，并与自然景观交相辉映。

北宋嘉祐年间，改革家王安石与好友一同到访齐山，并写有《和王微之秋浦望齐山感李太白杜牧之》一诗：

> 齐山置酒菊花开，秋浦闻猿江上哀。
> 此地流传空笔墨，昔人埋没已蒿莱。
> 平生志业无高论，末世篇章有逸才。
> 尚得使君驱五马，与寻陈迹久徘徊。

当时与王安石同游的，不是别人，正是大史学家司马光。尽管两人政见不同，但惺惺相惜，相互尊重。司马光在诗作《齐山呈王学士微之》中写道：

> 江上有齐山，群峰矗如剪。
> 昔闻齐刺史，置酒升绝巘。
> 其人有惠政，嘉名自兹远。
> 君来踵其迹，词牒日清简。
> 骕骐时入谷，胜地穷搜选。
> 问俗复怀人，非徒事游衍。

王安石与司马光诗中提到的"王微之"，就是包拯的继任者，当时的池州知府王哲。王哲曾撰写《齐山洞天记》，对开发齐山卓有贡献。

小小齐山或有幸，竟得两位大贤的垂青。另一位历史名人，更是为这座青山增添了英雄气概。南宋绍兴年间，爱国名将岳飞率师抗击金兵，解庐州之围，途经池州，扎营齐山翠微寨，戎装未解，登上翠微亭，铿锵而诵：

> 经年尘土满征衣，特特寻芳上翠微。
> 好水好山看不足，马蹄催趁月明归。

　　从诗中可以看出，常年征战的岳飞，因军情紧急，仅匆匆浏览了山景。意犹未尽的岳飞，显然心有所期，只待河山收复，天下太平，再来静心观赏"好山好水"。

　　从包拯到岳飞，一个个彪炳史册的人物的参访，使得这座位于长江南岸的名山，凝聚了特别的文化意味和政治解读。

　　江南美景，诗酒风流。写过《岳阳楼记》的范仲淹，置身秀美的池州，蘸满笔墨，挥笔写下《谒帝尧庙》：

> 千古如天日，巍巍与善功。
>
> 禹终平泽水，舜亦致熏风。
>
> 江海生灵外，乾坤揖让中。
>
> 乡人不知此，箫鼓谢年丰。

　　范仲淹在池州青阳度过了童年时代，并在池州许多地方都留下了足迹。诗中所写的尧庙，位于东至县大历山。东至县素有"尧舜之乡"之称。当地有个尧渡镇，相传舜躬耕于此，尧闻其贤明，千里来访，到了大历山后，踏水渡溪，故而后人称其为尧渡。

　　诗书画俱通的苏东坡，在杭州任判官期间，也曾来到池州。他泛舟秋浦，横渡清溪，留下《清溪词》："大江南兮九华西，泛秋浦兮乱清溪……"写景怀古，豪情逸飞。

　　也许是人文地理的迥异和情境使然，南宋词人李清照与晚唐诗人杜牧在江南池州，写的诗都比较委婉清丽，而题写江北和县霸王祠的诗句，则都是字字千钧，荡气回肠。

　　公元1127年，金兵攻破汴京，宋高宗仓皇南逃。李清照与丈夫赵明诚也先后南渡。第二年，赵明诚死于南京。这一年的七夕之夜，暂住池州的女词人，填有新词一阙：

> 草际鸣蛩，惊落梧桐，正人间天上愁浓。
>
> 云阶月地，关锁千重，纵浮槎来，浮槎去，不相逢。
>
> 星桥鹊驾，经年才见，想离情别恨难穷。
>
> 牵牛织女，莫是离中？甚霎儿晴，霎儿雨，霎儿风？

　　词人借景抒情，倾诉自己与丈夫赵明诚的离愁别绪。李清照晚年孤身一人漂泊江南。境遇的变化，让词人备尝凄凉。而南渡之初，她慨然而写的《夏日绝句》："生当作人杰，死亦为鬼雄。至今思项羽，不肯过江东。"气势雄浑，与杜牧当年所作的《题乌江亭》："胜败兵家事不期，包羞忍耻是男儿。江东子弟多才俊，卷土重来未可知。"有异曲同工之妙，词人有着彻骨之痛，当然是借古喻今。

　　天朗气清，漫山红叶如火，眼前是贵池城西门外的湖山胜景，心里却是愁绪多多，加之风吹帽落，理学家朱熹的思乡怀古情绪浓烈，忍不住赋诗一首，其《九日登天湖》里描写的就是当时登高所见所感：

> 去岁潇湘重九时，满城风雨客思归。
> 故山此日还佳节，黄菊青樽更晚晖。
> 短发无多休落帽，长风不断自吹衣。
> 相看下视人寰小，只好从今老翠微。

　　与朱熹同时代的诗人杨万里，为"南宋四大家"之一，他在池州也留下许多作品，既盛赞池州山水，也抒发自己的情怀。初到皖南时，杨万里经宣城到青阳，乘舟而行，眼望着九华，口占五律一首：

> 山外云浓白，峰头日浅红。
> 横拖一匹绢，直扫九芙蓉。
> 奔走来船里，提携入袖中。
> 寄言杜陵老，不用剪吴淞。

　　杨万里在政治上郁郁不得志，宋孝宗淳熙年间的一个暮春，他被调回江西漳州任职，由此遍游了江南，也写了一路的诗歌。途经宁国延福乡杜迁市（今港口镇），这是个临水的码头，载有山货的船只可由此顺流而下进入长江。在此逗留期间，杨万里吃到了当地的春笋，让杨万里感到意外的是，这里的笋子鲜嫩酥脆，味道与他之前在南京吃的笋子大为不同。吃罢早饭，杨万里乘兴为招待他的乡绅写下了《晨炊杜迁市煮笋》：

> 金陵竹笋硬如石，石犹有髓笋不及。
> 杜迁市里笋如酥，笋味清绝酥不如。
> 带雨斫来和蘀煮，中含柘浆杂甘露。
> 可斋可脍最可羹，绕齿籁籁冰雪声。
> 不须咒笋莫成竹，顿顿食笋莫食肉。

走走停停，时写时歇。这一路，杨万里饱览了宁国的山水风光，观花赏景中又不时地念及家乡。

> 薄日烘云来作霞，好峰怯冷着轻纱。
> 绝怜山色能随我，正用花时不在家。
> 骑吏哪愁千里远，牡丹各插一枝斜。
> 细看文脊空多肉，不似青阳看九华。

这是他在《过宁国县》里所写的诗句。杨万里曾多次到访宣城，第一次到宣城后就曾在诗作里提及宁国的文脊山，那时他还是远观"南山（文脊山）瘦削"。而这一次他过境宁国，看文脊山就更仔细了，也不像第一次在舟中眺望九华山那样仅看个大略。在他看来，文脊山"空多肉"，而所谓空，大概是指文脊山多洞窟，其山体是空的，林木却茂盛，这大概就是所谓的"多肉"。而将牡丹斜插在衣领上，一下子显现了活泼的景象，也映衬出杨万里心情大好，对宁国山水留下深刻的印象。关于宁国风物人情的描写，杨万里观察得可谓细致入微。当他到达宁国西南向的云门乡蟠龙村（今竹峰办事处桥头铺村）时，这里的茶农和桑农正在忙着采摘茶叶与桑叶。眼前的忙碌景象，激发了杨万里的诗兴，他一连写了8首《桑茶坑道中》，其中有两首写道：

> 田塍莫道细于椽，便是桑园与菜园。
> 岭脚置锥留结屋，尽驱柿栗上山巅。
>
> 晴明风日雨干时，草满花堤水满溪。
> 童子柳阴正眠着，一牛吃过柳阴西。

在杨万里的笔下，无论是细细的田埂、岭脚的小屋，还是柳树下的牧童，一切都刻画得那么生动有趣，清新自然。而后，杨万里宿农家，过寺庙，越峻岭，最终进入古徽州地界，往老家江西而去。杨万里在宁国留下的诗作多达几十首，保存下来的有20余首。通过他的诗歌，我们可以一窥千年之前的宁国风貌。

唐天宝十四年（755），李白从秋浦来到泾县，游览桃花潭后，泾县的县令，也是李白的好友汪伦前来送行。据袁枚《随园诗话》所记，泾县名士汪伦曾给李白写信称："先生好游乎？此地有十里桃花。先生好饮乎？此地有万家酒店。"李白应邀到访后，却不见大片的桃花和林立的酒店，汪伦解释说："十里桃花，是指十里处有桃花渡；万家酒店，是说潭边有姓万的人家开的酒肆。"尽管"诓"了大诗人，但汪伦尽出所酿美酒款待李白，让李白倍感畅快。

这一次临别，出乎李白意料的是，竟有许多当地人和汪伦一起来到桃花潭渡口，边走边唱，踏歌送行。李白大受感动，写下千古名篇：

李白乘舟将欲行，忽闻岸上踏歌声。
桃花潭水深千尺，不及汪伦送我情。

泾县桃花潭

据记载，这首《赠汪伦》的诗歌，多少年后还为汪伦的孙辈所珍藏。桃花潭东岸的古渡口，至今保持着清幽古朴的风貌，这里潭水清澈见底，景色异常秀美。一个古渡口，一首绝唱，诗歌照耀了桃花潭，桃花潭的柔波里，照见了李白与汪伦的友情。

美丽的新安江，也是一条诗之河。李白描述道："清溪清我心，水色异诸水。借问新安江，见底何如此。人行明镜中，鸟度屏风里。"孟浩然也是感叹新安江水的清澈见底："湖经洞庭阔，江入新安清。"新安江处处如画，倾倒诗人亦正常不过。

"山不在高，有仙则名，水不在深，有龙则灵。"简洁明了的句子，穿越着时空，所激起的共鸣犹如涟漪，绵绵不绝。但这样的开篇之语，只是唐代文人刘禹锡的"潜台词"，他真正要说的是："斯是陋室，唯吾德馨。"这正是《陋室铭》的"文眼"，也是金石之言。

《陋室铭》是刘禹锡在和州（今和县）刺史任上所作。他的陋室原址，位于和县城关历阳镇中。原来的房子已经荡然无存了，即使后世重修复建，也没能挡住风吹雨打和战火的殃及。据说，大书法家柳公权还曾为刘禹锡的陋室书写了碑刻。

进亦忧，退亦忧。贬谪期间，转任多地的刘禹锡写下了许多好诗，而安徽的山水自然也给了他许多启示，这篇佳作就可以管窥他的寄情、明志。

何以物我两忘，宠辱不惊呢？似乎只有山水疗饥。

位于安徽滁州西南郊的琅琊山，古称摩陀岭。唐大历六年（771），滁州刺史李幼卿来此搜奇探胜，并根据东晋司马睿任琅琊王时寓居于此而转运称帝的传说，改山名为琅琊山。

琅琊山丰乐亭

尽管主峰小丰山只有海拔317米，但自古以来，这里就是皖东有名的风景名胜。始建于唐大历六年（771）的琅琊寺，至今有1200余年的历史。建于宋庆历六年（1046）的醉翁亭，至今已有900多年的历史。继唐代诗人顾况、韦应物，北宋诗人王禹偁撰写描绘琅琊山的诗文后，欧阳修在任滁州知州期间，也撰写了散文名篇《醉翁亭记》《丰乐亭记》和其他有关琅琊胜景的诗文，约100多篇，并由苏轼专为《醉翁亭记》《丰乐亭记》书碑。宋代曾巩、王安石、辛弃疾，明代的宋濂、文徵明、王守仁等文人墨客，都曾宦游或旅居于此，并作诗文以记其胜。琅琊寺及醉翁亭、丰乐亭内外，唐宋以来的历代摩崖、碑刻比比皆是，有数百处之多。其中，以唐代李幼卿、柳遂、皇甫曾等人的诗碑尤为珍贵。民国年间和新中国成立后，琅琊山继续成为文人墨客向往的游览胜境。1936年4月，著名女作家方令孺教授，约同女作家丁玲、画家徐悲鸿等游览琅琊山后，写了散文新篇《琅琊山游记》。

琅琊山以其山水之美，更因千古名篇《醉翁亭记》而享誉古今。写下《醉翁亭记》时，40岁的欧阳修正任滁州太守。当时的滁州还属于群山环抱的一座偏僻小城，一直兢兢业业、锐意进取的欧阳修，因为卷入一场政治斗争的漩涡，而被贬任到了滁州。一段时间里，欧阳修郁郁寡欢，常来到城边的琅琊山散心，佳木繁荫、蔚然深秀的琅琊山，就像一块未琢之玉，给了欧阳修莫大的安慰，内心的块垒也因此消解：

太守与客来饮于此，饮少辄醉，而年又最高，故自号曰"醉翁"也。醉翁之意不在酒，在乎山水之间也。山水之乐，得之心而寓之酒也。

山美，辞也美。"非淡泊无以明志，非宁静无以致远。"在滁州的两年多里，流连琅琊山的欧阳修变得洒脱了，宁静了。

此后，欧阳修调任扬州，心情平复的他在扬州做了一大堆事情，不久，43岁的欧阳修来到淮河之畔的颍州（今阜阳境内），疏浚了颍州西湖，扩建了当地书院，等等。很难想象，历史上的颍州西湖，如果平淡无奇，怎能拴住文豪的心？他不仅诗情勃发，写下130多首吟咏颍州西湖的诗篇，而且前后8次来颍州，并终老于此。不仅仅是欧阳修，当时的晏殊、苏轼、苏辙、梅尧臣，以及南宋的杨万里都曾驻足于此。从杭州来颍州任职的苏东坡，似

颍州西湖遗址

乎有些迷糊，他感叹道："大千起灭一尘里，未觉杭颍谁雌雄。"历史上的颍州西湖，可与杭州西湖相媲美，可惜因为黄河屡次决口而逐渐改变了模样，乃至湮没无闻。

众多文人墨客来颍州西湖玩赏，地理因素很关键，阜阳离开封比较近，是当时的经济重镇。不过，地理的风貌总是在不断改变着，遗憾也因此而产生。据了解，在古代，颍州境内河流纵横交错，湖泊池塘极多，可谓水乡泽国。而颍州西湖就是颍河、清河、白龙河、小汝河交汇而成的，湖面最大时有46平方千米。明代的颍州西湖规模，与宋代的就相去甚远。由于受水患的冲击，湖面逐渐缩小，最终淤为平地，许多建筑也因而被毁掉了。

颍州西湖一带曾有许多古建筑，比如金屋藏娇的女郎台，规模宏大的西湖书院，晏殊兴建的清涟阁（去思堂），以及画舫斋、择胜亭等，尤其是会老堂，更是见证了一段文人相交的佳话。公元1072年4月，欧阳修的同朝老友赵概来颍州西湖看望欧阳修，欧阳修特意腾出屋子接待他。赵概到来后，时任颍州知州的吕公著设酒宴款待两人。欧阳修、赵概与吕公著三人乘船畅游颍州西湖，饮酒作诗，欢聚了月余。而三人相聚的地方，即为会老堂。会老堂在历史上有过数次维修，现存的主要是清代建筑，砖木结构，堂内有东、西月亮门，门额上分别刻有"景贤""尚友"字样。据记载，这题字出自苏轼之手。

时至今日，每年的春节，亭子村的村民还会到会老堂举行祭拜仪式。在他们的眼里，会老堂就是他们的祠堂。颍州西湖曾有72座望湖亭，因亭而得名的亭子村，如今就坐落在颍州西湖旧址的附近。据说，欧阳修的后代就居住在这个村子，至今已传至第39代了。

特别有意思的是，在曾经的双柳亭边，还长着两棵柳树，只是它们的大半个树身埋没在土层中，原来这里的地势低洼，西湖慢慢成为平地后，柳树随之"扎身"在土中了。

1998年，阜阳市将城西13千米处的一块自然水面，进行了拓展，新建起了一座西湖。而古西湖遗址上，除了保留会老堂等建筑外，还开发出了一座生态乐园。生态乐园占地1000多亩，由果树种植示范区、现代农业园、盆景园、热带植物园区等10多个部分组成，其中热带植物园引进了20多个国家和地区的珍贵树木，如已经长得巨大无比的佛肚树、盘根榕树等，给人印象深刻。而整个园区种植的各种树木，将近9万棵，被评为国家4A级旅游景

颍州西湖遗址上的会老堂

区，游客络绎不绝，高峰期一天有 5 万多人。这也算是颍州西湖的另一种新生吧。

宋代有三位文坛巨匠都在安徽留下了游记名篇，除了欧阳修的《醉翁亭记》外，还有王安石的《游褒禅山记》，以及苏轼的《灵璧张氏园亭记》，后者被姚鼐收入《古文辞类纂》。

北宋至和元年（1054）四月，34 岁的王安石从舒州（今安徽潜山县）辞任通判一职，回家途中，与他的两个胞弟和两位朋友同游含山的褒禅山。一行五人举火探山，在探洞时，并没有走完全程就出洞了。王安石非常后悔，并深有感触。同年 7 月以追记的形式，写下了这篇脍炙人口的《游褒禅山记》，以其亲身经历告诉世人：

世之奇伟、瑰怪、非常之观，常在于险远，而人之所罕至焉，故非有志者不能至也。

《游褒禅山记》全文仅 500 余字，夹叙夹议，因事见理，谋篇布局曲折多变，行文老到，读来朗朗上口。其中阐述的诸多思想，在当时难能可贵，对今天而言同样具有重要的现实意义。王安石是一位杰出的文学家，也是当时坚定的改革派，早在青年时代就有志于改变北宋"积贫积弱"的局面，一直积极主张变法。写下这篇游记的 4 年后，王安石给宋仁宗上万言书，主张改革政治。他不顾保守派反对，提出"天变不足畏，祖宗不足法，人言不足恤"的观点，力主推行新法。

含山的褒禅山，因王安石这篇富有哲理的游记而名传千古，如今这里已成为一处旅游胜地。据考证，早在 4.5 亿年前，褒禅山所在的地方，是一片汪洋大海，随着地壳运动，大海抬升为陆地，而后陆地又沉陷为大海。如此循环反复，地壳终于在燕山运动中升出海面，形成了今天的山脉。经历了沧桑巨变的褒禅山，灵秀非凡。其东有灵芝山，山上树木参天，在古代以盛产灵芝而得名；中有起云峰，高耸入云；西有碗儿岭，相传一罗汉出生于此，饮食后投碗于岭上，至今仍见坐卧痕迹。可以说，褒禅山每一座山峰的名字都有来历和说法。褒禅山还是座"宝山"，拥有珍贵的石头不下数十种，如钟乳石、太湖山石、吸水石、水晶石等等。而且特别奇特的是，山中常见石树共生，石包树，树抱石。许多千年古树生长在奇形怪状的太湖石的空洞、缝隙间，盘根错节，与奇石相互缠绕。褒禅山的石头形态怪异，色彩斑斓，棕灰中夹以白、黄、青、红、紫等色泽。

褒禅山是一块风水宝地，美景加上各种诗文、传说，更为它增加了许多魅力。

2000 多年前，"合肥"就出现在史学家司马迁的笔下。此后，同为史学家的班固也提到了合肥。在两位大史学家的眼里，合肥是个舟车往来密集的商业都会。但历史上的合肥，弥漫更多的是兵家烈焰之气，曾因城高地深、易守难攻，而有"铁打庐州"之称。

梁武帝天监年间（502—519），合肥在当年曹操练兵的教弩台上建了一座寺庙，最初的名字叫铁佛寺，唐代命名为明教院，明代称为明教寺，如今则名列全国重点寺庙。"曹公教弩台，今为比丘寺。东门小河桥，曾飞吴主骑。"唐代诗人吴资所写的这首绝句《教弩台》，反映的正是合肥教弩台的变迁——从军用设施演变为佛门净土。

"断垣堑石新修垒，折戟埋沙旧战场。"从弯弓射箭、勇猛作战的商周淮夷族人开始，作为"淮右襟喉，江南唇齿"之地的合肥，因战争频仍，地表上幸存的建筑物凤毛麟角。烽烟熏燎之下的合肥，憔悴不堪，甚至在东汉时期一度成为寂寥空城。

二十出头的姜夔，是在一个冷风飕飕的季节，只身来到合肥的。此时的合肥正从战火中慢慢定神，但巷陌依旧凄凉，唯有柳色可人。合肥的赤阑桥，因为南宋词人姜夔曾经的寄居和魂牵梦绕，而有了晓风残月般的古典意象：

空城晓角，吹入垂杨陌。马上单衣寒恻恻。看尽鹅黄嫩绿，都是江南旧相识。

正岑寂，明朝又寒食。强携酒，小桥宅。怕梨花落尽成秋色。燕燕飞来，问春何在，唯有池塘自碧。

这是逆旅之中的佳作《淡黄柳》。此后，姜夔遇见了两位歌女，同病相怜的他们，情深切切。姜夔的词中，从此多了情恋。10 多年后，姜夔再一次客居淝水之滨，未料当初的两位佳人已不知所终。愁怨绵绵的姜夔，感叹"肥

皖河

水东流无尽期，当年不合种相思"。

发端于安庆岳西的皖河，一花四叶，从潜山、太湖、怀宁、望江等地流过，奔腾进入长江。自古以来，安庆是诗人们栖息的地方，也是众多诗家文人眷顾的宝地。《孔雀东南飞》就出自安庆怀宁县，而安庆籍的晚唐诗人曹松，以一句"凭君莫话封侯事，一将功成万骨枯"，惊服后人。曹松的诗歌，工于铸字炼句。在其长期的流浪生涯中，他对故土怀有无限的怀念。

位于安庆潜山县的天柱山，给了当代文化学者余秋雨几多感慨。他在《寂寞天柱山》中叹道："天柱山有宗教，有美景，有诗文，但中国历史要比这一切苍凉得多，到了一定的时候，茫茫大地上总要现出圆目怒睁、青筋贲张的主题，也许是拼死挣扎，也许是血誓报复，也许是不用无数尸体已无法换取某种道义，也许是舍弃强暴已不能验证自己的存在，那就只能对不起宗教、美景和诗文了，天柱山乖乖地给这些主题腾出地盘。"

"安史之乱"期间，诗人李白躲到天柱山静静地读书。后来的大文豪苏东坡40岁时曾遇见过一位在天柱山长期隐居的高人，与高人连续畅叙三日后，他心动不已，也想去拜谒天柱山，甚至想在天柱山终老。不过他的愿望最终落空了。山水慰藉着文人们的心灵，但他们何时能安安静静地潜于深山只做诗文事呢？

同样为李白所向往的还有安庆岳西的司空山。唐肃宗志德元年（756），久闻司空山胜景的李白来到这里避居，留下《避地司空原言怀》与《题舒州司空山瀑布》两首诗，借诗抒发了自己有心报国却无端获罪的悲愤心情。司空山或有幸，得诗仙眷顾，并激发诗仙灵感写出了千古名句"雪霁万里月，云开九江春"。之后，历代墨客骚人纷纷来此题诗刻句。通往司空山的道路行走着诗人，更行走着"中国禅宗第一人"——慧可大师。慧可受达摩衣钵后，在南方"变易仪相，韬光晦迹"数十年，又罹北周武帝法难，最终是司空山接纳了慧可，接纳了佛教。二祖传三祖僧璨，三祖僧璨往来于司空山与天柱山之间，并在天柱山弘法，将衣钵传于四祖道信，继而是五祖弘忍传南能北秀，方有中国佛教今日之兴盛。有意思的是，东汉末年，鬼谷子的得意门徒左慈在司空山建起"玄妙观"后，也曾往来司空山与天柱山之间，并在天柱

司空山

山潜心炼丹。两座山在文化气息上如此密切，或许是源于山水气韵与人文精神的相契相合与曲径通幽吧。

安庆怀宁有座独秀山，年轻的陈乾生偕友登临，为山色所陶醉，就给自己取了个新名字：独秀。陈独秀一生用过的笔名很多，但他最为得意的便是"独秀"。透着文气却又不乏骨力的这个名字，最终名垂青史。不知是这座青山给了陈独秀灵气，还是陈独秀为这座青山增添了人文光彩？尽管有学者认为，陈独秀的学问没有胡适做得好，但在那样疾风骤雨的时代，陈独秀这位"新文化的旗手"，是不满足于做学问的。陈独秀出身于书香门第，父亲是位教书先生，不幸英年早逝，5岁时陈独秀被过继给叔父陈衍庶。陈衍庶为晚清官员，是位书画家、鉴赏家，陈独秀的大哥陈孟吉也工于诗画。陈独秀在《美术革命》中写道："我家所藏和见过的王画（王石谷，'清四王'之一），不下二百多件。"读私塾、受家风熏陶并留过学的陈独秀，博学多才，精通法文、日文等。18岁时，陈独秀即写出了《扬子江形势论略》。从办《安徽俗话报》到《甲寅》杂志，再到《青年杂志》（《新青年》），陈独秀呼风唤雨，致力于"开通民智"，发表了《文学革命论》，出版了《字义类例》《实庵字说》等。而在贫病交迫的晚年，他还撰述《小学识字教本》。在诗学、小说、戏曲、语言文字学以及书画上，陈独秀都有着相当精深的造诣或研究。安庆陈独秀纪念馆珍藏有他的几幅诗作书法，字体洒脱不羁，笔墨十分饱满，有着浓厚的书卷气，可谓一气呵成。1932年，陈独秀被捕入狱。画家刘海粟到监狱探望时，他书赠了一副对联："行无愧怍心常坦，身处艰难气若虹。"台湾学者台静农回忆说，陈独秀早年用功于篆字，当年曾以行草写赠他的一幅四尺立轴，体势雄健浑成，不仅见功力，更见襟怀。陈独秀曾当面说沈尹默"诗很好，而字则其俗在骨"，沈尹默被他一激，倒是发愤练字，并成了一代书法家。陈独秀的书法，熔篆、隶、行、草于一炉，纵横恣肆，气势雄浑，自成一体。

曾经的安徽省府安庆，自古就有浪漫而多情的诗人，有性灵而飘逸的散文家，也从来不缺少阳刚豪迈的英雄豪杰。饱读诗书的书生们，无论是居庙堂之中还是处江湖之远，都彰显了难能可贵的气节与人生的豪迈之情。有着"百科全书"之称的方以智，正气凛然宁要刀剑不穿冠袍；左光斗列数三十二宗罪亲劾魏忠贤；方苞狱中仍然挥笔不失书生本义；吴樾奋不顾身刺杀出洋五大臣……安庆的人文天空已然奏响了一曲曲慷慨壮歌。

山河中流淌着文脉，诗文中也氤氲着山水的清气，它们最终流淌在中国人的血脉里。文气与气节合流，不绝如缕，传承千古。这就是古皖大地上最壮丽最动人的景象。

安庆龙山凤水（陈智　摄）

图书在版编目（CIP）数据

山水安徽/张扬编著. —合肥:合肥工业大学出版社,2015.12(2016.9 重印)

（品读·文化安徽丛书）

ISBN 978－7－5650－2609－6

Ⅰ.①山…　Ⅱ.①张…　Ⅲ.①山—介绍—安徽省②水—介绍—安徽省　Ⅳ.①K928.3②K928.4

中国版本图书馆 CIP 数据核字（2015）第 307282 号

山水安徽

张　扬　编著

责任编辑	章　建　张　燕	
出版发行	合肥工业大学出版社	
地　　址	（230009）合肥市屯溪路 193 号	
网　　址	www.hfutpress.com.cn	
电　　话	总　编　室:0551-62903038	
	市场营销部:0551-62903198	
开　　本	710 毫米×1010 毫米　1/16	
印　　张	12.5	
字　　数	190 千字	
版　　次	2015 年 12 月第 1 版	
印　　次	2016 年 9 月第 2 次印刷	
印　　刷	安徽联众印刷有限公司	
书　　号	ISBN 978-7-5650-2609-6	
定　　价	28.00 元	

如果有影响阅读的印装质量问题,请与出版社市场营销部联系调换。